AF577976

Ulrich Büttner

DUNKLE GESCHICHTEN AUS

Konstanz

Bildnachweis
Janusz Podworny: S. 7, 10, 14, 17, 41, 45, 50, 55, 60, 69, 73
wikicommons/Adam Monkhouse: S. 21; wikicommons/Martin Lindner: S. 26; wikicommons/Claudia Reimann: S. 33; wikicommons/Baden.de: S. 64; wikicommons/Phil Guest: S. 78

Danksagung
Für die zahlreichen Fotos für dieses Buch möchte ich Janusz Podworny herzlich danken. Du bist ein Meister mit der Kamera!

1. Auflage 2023

Umschlaggestaltung: r2 | Ravenstein, Verden
Layout und Satz: Schneider Professionell Design, Schlüchtern-Elm
Druck: Rindt Druck, Fulda
Buchbinderische Verarbeitung: Buchbinderei S. R. Büge, Celle

34281 Gudensberg-Gleichen, Im Wiesental 1
Tel. 0 56 03 - 9 30 50   www.wartberg-verlag.de
ISBN 978-3-8313-3565-7

Inhalt

Vorwort 4
Nachtwächter und Kamele 5
Supermonde und Kometen 9
Vom Gotteshaus zum Nachtclub 13
Silvester 1999 16
Das Känguru im Kofferraum 20
Die Lust an Fetisch 25
Närrisches Treiben 30
Skandal im Hafenbezirk 37
Der Wink Gottes 43
Für immer und ewig 48
Nachts in der Bibliothek 52
Das Schnetztor 58
Das Seenachtsfest 62
Heilige und Spinnen 67
Untere Sonne 72
Das Licht der Nacht 76

Vorwort

Konstanz ist eine wahre Perle am Bodensee. Aus römischer Zeit stammend, besticht die Stadt durch ihre wunderschöne Lage am See, die durch die Nähe der Alpen zusätzlich gesteigert wird. Die Altstadt ist sehr geschichtsträchtig und zum Glück von Kriegen verschont geblieben. Hier spürt und sieht man den Glanz vergangener Jahrhunderte, wobei man das moderne Konstanz nicht vernachlässigen sollte, das mit seinem kulturellen Angebot und seiner allgemein hohen Lebensqualität zu begeistern und zu faszinieren weiß. Vor allem im Sommer entwickelt sich am See klimatisch bedingt ein südländisches Flair, das dazu führt, dass man Konstanz gerne als „Little Italy" bezeichnet.
Aber es lohnt sich ein Blick hinter bzw. neben die pittoreske Fassade, um die dunklen Seiten der Stadt zu erkennen und zu erleben. Zu diesen Facetten, die manchmal schön und manchmal schaurig sind, möchte ich Sie mit der Lektüre dieses Buches entführen.
Seien Sie gespannt und erfahren Sie mehr über einen Geist in der Bibliothek, bizarre Freuden auf dem See, eine berühmte Kurtisane am Hafen, über Kamele, Kängurus, einen Klosterkeller und vieles mehr. Begleiten Sie mich durch die Jahrhunderte und die Geschichten, die das wunderschöne Konstanz prägten und zu dem formten, was es heute ist.

Ich wünsche Ihnen gute Unterhaltung und ab und zu ein angenehmes Gruseln,

Ihr Ulrich Büttner

Nachtwächter und Kamele

In früheren Jahrhunderten, als die Welt vormodern und nicht elektrifiziert war, gab es eine Person, die Nacht für Nacht durch die dunklen Gassen der Stadt lief, um dafür zu sorgen, dass die braven, anständigen Bürger in Ruhe schlafen konnten. Gemeint ist der weithin bekannte Nachtwächter, den es in jeder größeren Stadt, in Klöstern und auf Burganlagen gab.

Seine Schicht dauerte von Sonnenuntergang bis Sonnenaufgang, er arbeitete also ausschließlich in der Nacht. Kein Wunder, dass ihn stets eine Aura der Finsternis und des Unheimlichen umgab, da die Menschen davon überzeugt waren, dass die sonnenfernen Stunden gleichzeitig die gottesfernen Stunden seien. Die Nacht sei bevölkert von Geistern und Dämonen, denen der Nachtwächter des Öfteren bei seinen nächtlichen Rundgängen begegnete. Dies ist der Grund, warum er zum „ehrlosen Volk" gehörte, das ein geringes gesellschaftliches Ansehen genoss.

Was seine Aufgaben in der Dunkelheit anging, war der Nachtwächter ein wahrer „Multitasker": Einerseits musste er als eine Art mittelalterliche Feuerwehr darauf achten, dass kein Feuer ausbrach. In Zeiten, in denen die Menschen sehr viel mit Feuer arbeiteten, um sich zu wärmen, zu kochen oder eine Lichtquelle zu haben, konnte man diese Gefahr, die drohte, ganze Städte in Schutt und Asche zu legen, gar nicht hoch genug einschätzen. Andererseits verkündete der Nachtwächter regelmäßig die volle Stunde und weckte spätestens bei Morgengrauen die Menschen. Darüber hinaus war er für die innere Sicherheit zuständig, indem er wilde Tiere vertrieb und darauf achtete, dass kein Mensch ohne triftigen Grund, den er zu erfragen bzw. zu erfahren hatte, nach der obligatorischen Sperrstunde ab 10 oder 11 Uhr abends auf den Straßen oder in den Gassen unterwegs war.

Im Rahmen seiner Aufgaben ging er mehrmals in der Nacht die Stadtmauer seines Nachtwächterbezirks ab und kontrollierte die Stadttore. Die städtischen Regeln schrieben vor, dass nach Sonnenuntergang alle Stadttore geschlossen werden müssen, um zu verhindern, dass unkontrolliert irgendwelche Leute die Stadt betreten oder verlassen. So hatte der Nachtwächter einen Schlüssel für alle Tore dabei, um diese gegebenenfalls zuzuschließen.

Nicht nur die großen Stadttore gewährten Einlass. Neben diesen heute allseits bekannten und nicht selten beeindruckenden Bauten finden sich die wesentlich unbekannteren Stadttüren, die man früher gerne „Nadelöhre" nannte. Diese Nadelöhre waren kleinere Nebeneingänge in Stadtmauern, die in ihrer Höhe und Breite normalen Türen in Häusern oder Wohnungen sehr ähnlich waren. Die Stadttüren mussten stets verschlossen sein. Sie durften vom Nachtwächter, der Stadtwache (das waren meist die Türmer) oder einem Stadtrat geöffnet werden und sonst von niemandem – und das auch nur, wenn ein triftiger Grund vorlag. Es galt ebenfalls der Grundsatz, dass unbefugtes Betreten oder Verlassen der Stadt unbedingt unterbunden werden müsse.

Falls aber ein wichtiger Besucher – z. B. ein diplomatischer Gesandter, ein bekannter Fernhändler oder ein hoher Geistlicher – die Stadt nach Einbruch der Nacht zu betreten wünschte, schloss man in aller Regel nicht die Stadttore auf, was sehr aufwendig gewesen wäre und unnötig Lärm und Trubel verursacht hätte, sondern ließ sie durch ein Nadelöhr hinein.

Bis zum Abbruch der Stadtmauern im 19. Jahrhundert waren die Stadttüren in Benutzung. Heute findet man sie sehr selten, da sie gemeinsam mit den Befestigungsanlagen im wahrsten Sinne des Wortes auf dem Müllhaufen der Geschichte gelandet sind.

Ein altes Nadelöhr in der ehemaligen Stadtmauer.

Bisweilen hat man in manchen Städten Teile der alten Stadtmauer stehen gelassen (entweder „aus Versehen“ oder um ein Zeugnis alter Zeiten zu bewahren), so auch in Konstanz. In einer kleinen Seitengasse, die von der Wessenbergstraße in Richtung Laube abzweigt, findet man ein Nadelöhr, da am Ende dieser Gasse ein Stück Stadtmauer erhalten ist. Die Türe ist vor langer Zeit zugemauert worden, aber ihren Rahmen kann man gut erkennen.
Es ist heute kaum mehr vorstellbar, dass an dieser Stelle einst Menschen heimlich in der Nacht die Stadt betreten oder verlassen haben. In unserer modernen Zeit wissen die wenigsten Menschen von solchen alten Türen und kaum ein Konstanzer kennt diese ehemalige Eingangspforte, die Sie auf dem Foto sehen.
Es drängt sich die Frage auf, warum diese Stadttüren „Nadelöhre“ genannt wurden. Natürlich hat dies nichts mit Öhren an irgendwelchen Nähnadeln zu tun. Manche Forscher gehen da-

von aus, dass diese Bezeichnung bereits in der Antike existierte und sich auf ebensolche Türen in der Jerusalemer Stadtmauer bezog. Eindeutig belegt ist dies nicht. Aber es ist durchaus nicht unwahrscheinlich, dass es damals so etwas in Jerusalem gab.

Daran schließt sich eine weitere Geschichte bzw. Legende an: Sie kennen wahrscheinlich alle den berühmten Satz der Bibel: „Eher geht ein Kamel durch ein Nadelöhr, als dass ein Reicher in das Reich Gottes gelangt." Nicht wenige Historiker vermuten, dass dieser Spruch sich natürlich nicht auf ein „Original"-Nadelöhr bezieht, sondern auf die Stadttüren. Das Öhr einer Nähnadel kann von keinem Kamel durchquert werden – eine Stadttüre, wenn das Kamel nicht zu groß und die Tür nicht zu klein ist, dagegen eher. Vielleicht liegt aber ein Übersetzungsfehler vor und anstelle eines Kamels meinte man – wie manche Sprachforscher vermuten – ursprünglich ein Schiffstau, was die Aussicht für den Reichen auf Erlösung nicht gerade besser machte. An diesem Punkt wollen wir die wissenschaftlichen Spekulationen verlassen und abschließend festhalten, dass es in alten Städten wie Konstanz zum Glück viel zu entdecken gibt und so mancher früherer, belebter Ort der Nacht heute keine Besucher mehr in der Dunkelheit empfängt. Und wenn doch, dann aus ganz anderem Grund.

Supermonde und Kometen

Willkommen in der Schweizer Nachbarstadt von Konstanz, willkommen in Kreuzlingen. Hier findet man einen Ort, der dazu einlädt, einen Spaziergang über den nächtlichen Himmel zu unternehmen und dabei Sterne, Planeten, Kometen und andere kosmische Phänomene zu betrachten und etwas besser zu verstehen. Grüezi in der Sternwarte bzw. dem Planetarium der Astronomischen Vereinigung Kreuzlingen (AVK). Das Motto des Vereins lautet: „Hier holt man für Sie Sonne, Mond und Sterne vom Himmel." Wer einmal in angenehmer Gesellschaft in die faszinierende und atemberaubende Welt der Astronomie eintauchen möchte, ist an diesem Ort genau richtig.

Die Sternwarte Kreuzlingen ist als Volkssternwarte konzipiert und hat das Ziel, Interesse an und Wissen in Bezug auf Astronomie bei breiten Bevölkerungsschichten zu wecken und zu vertiefen. Dem gleichen Zweck dient das Planetarium, das sich auch unter diesem Dach befindet. Die AVK ist gut mit Teleskopen, einem Heliostaten (ein Instrument zur Sonnenenbeobachtung) und Projektoren ausgestattet, um einen Blick in das Universum zu ermöglichen.

Insbesondere zu außergewöhnlichen astronomischen Ereignissen lädt die Vereinigung alle Interessierten auf die Sternwarte ein, damit man gemeinsam diese Himmelsspektakel ansehen und sich darüber unterhalten kann. Dazu gehörte der Supermond am 13. Juli 2022. Dabei handelt es sich um einen Vollmond, der der Erde sehr nahesteht, was nicht bedeutet, dass er für einen Beobachter größer als sonst erscheint, da ein direkter Vergleich mit einem „normalen" Vollmond nicht möglich ist. Doch wegen seiner scheinbaren Größe greifen die Tagesmedien dieses Thema gerne auf, was für alle Hobbyastronomen ei-

Vollmond über Konstanz.

nen guten Vorwand bietet, den Mond mal wieder etwas genauer in Augenschein zu nehmen. So öffnete am Abend des 13. Juli 2022 die Sternwarte Kreuzlingen ihre Pforten, um die Menschen den Supermond als Gemeinschaftsereignis erleben zu lassen. Es waren zahlreiche Schaulustige anwesend und schnell fing man an, sich über den Mond und darüber hinaus über die faszinierenden Geheimnisse des Sternenhimmels zu unterhalten. Es war zweifellos ein wunderschöner Abend mit einer besonderen Atmosphäre.

Falls kein Supermond am Himmel steht, lohnt sich auch bei guten Sichtverhältnissen ein Besuch in der Sternwarte, am besten am Mittwoch, dem öffentlichen Abend. Mit ein bisschen Glück kann man neben Planeten und Galaxien die Internationale

Raumstation ISS erkennen, die unter günstigen Bedingungen für ein paar Sekunden als heller Lichtpunkt über den nächtlichen Himmel rast.
Erinnern sie sich an die totale Sonnenfinsternis am 11. August 1999? Damals konnte man in Mitteleuropa das kosmische Ballett bestaunen, als der Mond sich vor die Sonne schob, für ein paar Minuten der Tag zur Nacht (eigentlich war es eine Dämmerstimmung) wurde und die Vögel aufhörten zu singen. An diesem Tag lud die Astronomische Gesellschaft in Kreuzlingen zu einem Ereignis ein, das ungefähr alle hundert Jahre am gleichen Standort zu sehen ist – die nächste totale Sonnenfinsternis wird in Mitteleuropa erst wieder am 3. September 2081 stattfinden. Doch 1999 spielte das Wetter nicht mit. Wolken verdeckten die Sonne über dem Bodensee, sodass der Blick auf diese Finsternis im wahrsten Sinne des Wortes getrübt war.
Wenn wir ein bisschen weiter in die Vergangenheit reisen, in das Jahr 1986, treffen wir einen seltenen Wanderer am Himmel, einen Kometen, den man als „Halleyschen Kometen“ kennt. Er ist der berühmteste dieser Schweifsterne, der nur alle 76 Jahre der Erde so nah ist, dass man ihn mit bloßem Auge sehen kann. Im Winter 1985/1986 sah ich ihn von der Sternwarte Kreuzlingen aus und war sofort von diesem Anblick ergriffen. Im Kreis von Gleichgesinnten richtete ich den Blick nach oben und bestaunte ein Wunder der Natur. Eines steht fest: Diesen Abend werde ich nie vergessen, denn er war der Beginn einer Liebesgeschichte zwischen mir und der Astronomie. Übrigens, der Halleysche Komet wird selbstverständlich zurückkehren. Im Jahr 2061 wird er uns wieder besuchen. Vielleicht wird dann der eine oder andere Leser dieses Buches diesen Kometen mit seiner majestätischen Bahn über das nächtliche Firmament bewundern können.

Wer folglich einen eindrücklichen Abend in Konstanz bzw. seiner nahen Umgebung verbringen will, dem kann man getrost empfehlen, bei gutem Wetter die Sternwarte auf der schweizerischen Seite zu besuchen. Und bei schlechtem Wetter das Planetarium direkt daneben, das den Sternenhimmel jederzeit ungetrübt zeigt. Es lohnt sich, gelegentlich den Blick nach oben zu richten, in die unendlichen Weiten des Weltalls, um das Staunen nicht zu verlernen. Oder um es mit den Worten des verstorbenen Astrophysikers Stephen Hawking auszudrücken: „Denkt daran, zu den Sternen aufzublicken und nicht hinunter zu euren Füßen. Versucht zu verstehen, was ihr seht, und fragt euch, warum das Universum existiert. Seid neugierig. Und wie schwierig das Leben auch sein mag, es gibt immer etwas, was ihr tun und worin ihr erfolgreich sein könnt.“ Dem ist nichts hinzuzufügen.

Vom Gotteshaus zum Nachtclub

Als Kaiser Joseph II. 1777 das damals zum Habsburger Reich gehörende Konstanz besuchte, nannte er die Stadt angesichts der vielen Klöster und Kirchen „ein dreckiges Pfaffennest“. Kein Zweifel, der Kaiser hatte nicht viel übrig für die aus seiner Sicht unproduktiven, faulen Mönche und Nonnen, die sich den Ideen der neuen Zeit entgegenstellten. Diese Ideensammlung nennen wir moderne Menschen „Die Aufklärung“. Sie war und ist ein philosophisches Gedankenkonstrukt, das zum Ziel hat, die Gesellschaft von abergläubischen Vorstellungen und rückständigen Strukturen zu befreien. Sie strebt die Selbstbestimmung und Selbstverantwortung des Individuums an. Joseph II. sah sich selbst als aufgeklärten Monarch, der sein Land entsprechend reformieren wollte. Im Rahmen seines Besuches und seiner Reformpolitik begann man (unter anderem) in Konstanz, zahlreiche Klöster zu schließen und dadurch einen Modernisierungsschub einzuleiten.

Beschleunigt wurde dieser Prozess wenige Jahre später durch die Französische Revolution und die Napoleonischen Kriege. Nun setzte die Säkularisation ein, d. h. die Trennung von Staat und Kirche. Im engeren Sinne war damit die Nutzung von Kirchengut für weltliche Zwecke gemeint.

In Konstanz wurden Ende des 18. und Anfang des 19. Jahrhunderts, ganz dem Zeitgeist entsprechend, mehrere Kirchen geschlossen. Eine davon war das 1399 erbaute Gotteshaus St. Jodok, die ehemalige Kirche des Stadtteils Stadelhofen. Hinter ihr befand sich vor Jahrhunderten die ehemalige Elendsherberge, meist als Seel- oder Blatternhaus bezeichnet. 1793 wurde die Kirche verkauft, aus Kirchenbesitz in Privatbesitz transferiert und bis 1813 zu einem dreistöckigen Wohnhaus umgebaut. Das Gebäude steht noch, man findet es in der Kreuzlingerstraße 15, nahe der Grenze zur Schweiz.

Wer heutzutage an dieser historischen Adresse vorbeiläuft, kann die alte Kirche kaum mehr erkennen. Lediglich ein paar letzte, schwache architektonische Hinweise im oberen Stockwerk lassen vermuten, dass an dieser Stelle einst ein Gotteshaus stand.

Ehemalige Kirche St. Jodok, heute ein Nightclub.

Wenn man seinen Blick auf den Eingangsbereich richtet, kann es passieren, dass sich die Augen weiten. In großen, rot-weißen Buchstaben stehen dort die Worte „Nightclub Bar Babalou Table Dance“. Eine recht ungewöhnliche Nutzung für eine ehemalige Kirche, finden Sie nicht auch? In der Tat ist das Babalou die letzte dieser „besonderen“ Bars in der Konstanzer Altstadt, in denen wortwörtlich sehr knapp bekleidete Damen auf den Tischen tanzen. Alle anderen Nachtclubs dieser Art findet man mittlerweile weiter draußen im rechtsrheinischen Industriegebiet, was die erklärte „Rotlichtpolitik“ der Stadt ist. Warum das Babalou es geschafft hat, sich am Rande der Altstadt zu halten, ist eines der vielen Rätsel unserer alten Bischofsstadt.
Wo früher gebetet wurde und Andachten bzw. Seelenmessen gehalten wurden, findet man jetzt (laut Internetauftritt) gepflegte erotische Unterhaltung mit der Möglichkeit zu einem „Private Dance“, was nicht ganz so obszön ist, wie es klingt. Die Besuchszeiten zwischen beiden Institutionen differieren ebenfalls erheblich: Wenn vor Jahrhunderten St. Jodok außer im Rahmen von Nachtmessen spätestens bei Sonnenuntergang seine Pforten zusperrte, öffnet das Babalou seine Türen täglich um 21.00 Uhr und schließt diese um 5.00 Uhr morgens.
Kaum bei einem anderen Ort der gesamten Region zeigt sich deutlicher, wie spannend es ist, den verschlungenen Pfaden der Geschichte zu folgen: von einem Ort der religiösen Einkehr und des Zölibats zu einer Stätte der leichten Sitten, der Sünde und der nackten Tatsachen. Manchmal ist Geschichte einfach herrlich ironisch. Ein Schelm, wer Böses dabei denkt.

Silvester 1999

Dass Konstanz viel Geschichte und Geschichten in sich birgt, ahnt jeder, der mit offenen Augen durch die verwinkelte linksrheinische Altstadt geht. Aber auch jenseits des historischen Kerns, auf der rechten Rheinseite, finden sich mehrere Sehenswürdigkeiten, die es ebenfalls wert sind, besucht zu werden. Allen voran der wahrhaft majestätisch gelegene Bismarckturm, dessen Ausblick jeden Besucher in seinen Bann zieht.

Seinen Namen erhielt er vom ersten deutschen Reichskanzler Fürst Otto von Bismarck (1815–1898), dem Gründer des Zweiten Deutschen Kaiserreichs. Ihm zu Ehren wurden zahlreiche Bismarcktürme – insgesamt über 200 – in Deutschland in seinen Grenzen von 1871 und in den damaligen Kolonien errichtet. In Europa verteilen sie sich heutzutage auf die Staaten Deutschland, Polen, Tschechien, Frankreich, Dänemark, Österreich und Russland. Diese Denkmäler sind der augenfälligste, die Zeiten überdauernde Ausdruck des Bismarckkultes im Kaiserreich.

Die alteingesessenen Konstanzer nennen den knapp 23 Meter hohen Konstanzer Bismarckturm gerne liebevoll „Monte Bisi". Seit 1912 thront er auf dem Raiteberg über der Stadt. Im Süden von Weinreben umgeben, befindet er sich 452 Meter über dem Meeresspiegel und ist somit der höchste Bismarckturm Baden-Württembergs. In Sichtweite zur Schweizer Grenze gelegen, sollte er ursprünglich ein weithin erkennbares, trutziges Grenzmonument darstellen. Dies ist ein Charakterzug, der allen Bismarcktürmen zu eigen ist: Sie sollten die Unverletzlichkeit der Grenzen des neu geschaffenen Reiches versinnbildlichen.

Wegen seiner atemberaubenden Aussicht wird der Bismarckturm seit seiner Fertigstellung von den Einheimischen gerne

Der trutzige Bismarckturm wacht über die Stadt.

als Ort zum Feiern und Träumen benutzt. Wer einmal die Aussicht von hier genossen hat, kann das gut nachvollziehen. In seinem Rücken Richtung Norden liegt der alte Wasserturm, der mittlerweile als Jugendherberge fungiert. Fast am Horizont erkennt man die bildhübsche Blumeninsel Mainau. Vor dem Turm mit Blick nach Süden, in Richtung Innenstadt, kann man auf der linken Seite den Konstanzer Trichter inklusive Bodensee und Alpen bewundern. Rechts zeichnen sich die Umrisse der Reichenau ab, während sich die Altstadt mit dem Turm des Konstanzer Münsters in der Mitte präsentiert. Dahinter erkennt man den Schweizer Seerücken, der zu einem Ausflug in das Nachbarland einlädt.

Dies ist wahrhaft ein Ort zum Krafttanken. Nicht wenige Konstanzer kommen regelmäßig zum Turm, um diese einzigartige Atmosphäre zu genießen. Vor allem während des Seenachtsfests (siehe dazu eine andere Geschichte in diesem Buch) und an Silvester genießen zahlreiche den Ausblick und das Feuerwerk. Insbesondere am letzten Tag des Jahres kann es am Turm sehr voll werden und es ist ratsam, frühzeitig vor Ort zu sein, um sich einen guten Platz zu sichern. Spätestens ab 23.00 Uhr steht oder sitzt man dicht aneinandergedrängt und sollte besser keine Platzangst haben. Die Stimmung ist in aller Regel sehr gut und gerne teilt man sich den Glühwein oder ein anderes Getränk mit dem (nicht selten) unbekannten Nebensitzer bzw. -steher.

Die wohl größte Party erlebte der Bismarckturm in der Silvesternacht 1999. Damals feierten Milliarden Menschen auf der ganzen Welt den Beginn des neuen Millenniums. Dabei soll am Rande vermerkt werden, dass der eigentliche Jahrtausendwechsel erst ein Jahr später war, in der Silvesternacht 2000/2001. Doch das tat der weltweiten Partystimmung am 31. Dezember 1999 keinen Abbruch. Viele, die die Möglichkeit hatten, haben im Rahmen einer Reise das (vermeintlich) neue Jahrtausend begrüßt. Ich selbst war auf Kuba, als aus 1999 2000 wurde. Doch die meisten blieben zu Hause und feierten dort die Party des Jahrtausends – so auch in Konstanz. Der Platz vor dem Bismarckturm war spätestens eine halbe Stunde vor 0.00 Uhr so voll wie nie zuvor.

Viele hofften auf ein besseres Jahrhundert (bzw. Jahrtausend) als das zu Ende gehende. Andere fürchteten sich vor dem Millenniumsbug, einem Computerproblem, das auf der Annahme basierte, dass das Umschalten auf die Zahl 2000 zu zahlreichen Computerausfällen führen werde. Manche propagierten im Vorfeld apokalyptische Katastrophenszenarien mit weltweiten Zusammenbrüchen des Bankensystems, der Industrie, Flugzeugabstürzen, Verkehrschaos oder sogar Fehlzündungen bei nuklearen Waffensystemen. Wie wir wissen, geschah

nichts von alledem und der Jahreswechsel führte nicht zum Ende der menschlichen Zivilisation.
Wie auf der ganzen Welt zählten die Besucher des Bismarckturms wenige Augenblicke vor Mitternacht die Sekunden herunter und begrüßten jubelnd und sich in die Arme fallend das neue Jahr. Die Party am Bismarckturm zog sich bis ca. 1.30 Uhr in der Nacht hin, bevor sich der Raiteberg allmählich leerte und die Menschen mit Hoffnungen, Vorsätzen und meist guter Laune nach Hause gingen und sich im neuen Jahr zum ersten Mal in Morpheus' Arme begaben – sie gingen schlafen.
Wenn Sie das nächste Mal in der Gegend sind – vielleicht sogar bei einem Jahreswechsel – und ein bisschen Zeit haben, vergessen Sie nicht, den Bismarckturm zu besuchen. Lassen Sie sich von der wunderschönen Aussicht verzaubern und erlauben Sie sich den einen oder anderen Tagtraum. Es lohnt sich!

Das Känguru im Kofferraum

Es ist allgemein bekannt, dass Konstanz von seiner wunderschönen Lage am Bodensee sehr profitiert und so jedes Jahr Hunderttausende Besucher anlockt. Einen zusätzlichen Reiz bietet die Grenzlage zur Schweiz, die sich im Süden direkt an die Stadt anschmiegt. Die Alpen sind nicht weit und wunderschöne Orte wie das idyllische Stein am Rhein, St. Gallen mit seiner Stiftsbibliothek oder der Napoleon-Arenenberg laden zu einem Ausflug in das Nachbarland ein.
Aber die Grenze stellt bisweilen ein echtes Hindernis dar, denn es handelt sich um eine Außengrenze der Europäischen Union. Zwar ist die Eidgenossenschaft seit 2008 Mitglied des Schengen-Raums, was die Einreise in das jeweilige Nachbarland erleichtert, da grundsätzlich keine Personenkontrollen mehr vorgesehen sind. Allerdings sind Stichproben bei einzelnen Personen nach wie vor möglich und üblich. Dies gilt in beide Richtungen, also für Ankommende in Deutschland und in der Schweiz. Dabei werden meist Autofahrer bzw. ihre Fahrzeuginhalte kontrolliert.
Der am stärksten frequentierte Grenzübergang ist das Zollamt Autobahn Konstanz/Kreuzlingen, im Volksmund einfach Autobahnzoll genannt. Diese Gemeinschaftszollanlage im Tägermoos wurde in den Jahren 1998 bis 2000 errichtet. Der gesamte Komplex wurde von Anfang an so konzipiert, dass die Bauten rückbaubar, d. h. schnell und komplett demontabel sind. Dies geschah, da die verantwortlichen Stellen davon ausgegangen sind, dass die Schweiz binnen eines Jahrzehnts – also bis spätestens 2010 – Mitglied der Europäischen Union werden würde und damit die gesamte Zollstelle überflüssig. Ich überlasse es dem Leser/der Leserin, ob man das in der Rückschau als sehr

optimistisch oder als naiv interpretieren soll. Denn eines steht fest: Der Grenzübergang steht und wird aller Voraussicht nach noch in einigen Jahren existieren.

Dass Grenzen stets Zonen von Schmuggel und illegalen Geschäften waren, lehrt uns die Geschichte. Ob Drogen, Alkohol, gefälschte Ware, hohe Geldbeträge oder Menschen – es gibt nichts, was nicht zwischen Konstanz und Kreuzlingen illegal hin- und hergeschoben wurde, in der Regel über die berühmte Grüne Grenze und nicht direkt am Zollhäuschen vorbei. Der Schmuggel mit Autos oder LKW ist überdies weit verbreitet. Für die Zöllner ist dies eine andauernde Aufgabe, die sie stets vor neue Herausforderungen stellt, da wiederholt gänzlich neue

Kaum zu glauben, aber in den Kofferraum eines Autos passt ein Känguru.

Schmuggelware auftaucht. So können sich die Beamten sicher sein, dass es kontinuierlich was dazuzulernen gibt – langweilig wird einem in diesem Geschäft so schnell nicht. Vor allem gefälschte Ware macht einen nicht unerheblichen Teil des Schmuggelaufkommens aus. Allseits bekannt sind Imitationen von Textilien, Schuhen oder Schmuck.

Doch die wenigsten wissen, dass es z. B. gefälschten Käse gibt. Scheinbar lohnt es sich, Appenzeller oder Greyerzer zu imitieren und über die Grenze nach Deutschland zu schaffen. So kommt es von Zeit zu Zeit vor, dass ein Käsetransporter am Autobahnzoll Konstanz angehalten und überprüft wird. Liegt irgendein Verdacht vor, müssen die Beamten vor Ort entscheiden, ob sie einen Experten dazuziehen, der den richtigen Riecher hat. Denn es gibt tatsächlich einen Kollegen, der eine spezielle Fortbildung genossen hat und somit erkennen kann, ob der Käse gefälscht ist.

Aber in dieser Geschichte möchte ich von einem anderen, wirklich kuriosen Vorfall an der Grenze berichten, der sich in einer Nacht Anfang der 2010er-Jahre zugetragen hat und von dem mir ein befreundeter Zöllner berichtete. Die anwesenden Beamten waren froh, dass es in dieser Nacht nicht allzu viel zu tun gab. Ab und zu brachte ein PKW ein bisschen Abwechslung in die Arbeitsroutine. Als nach Mitternacht ein Auto langsam auf die Grenzstation zufuhr, ging ein Kollege aus dem Büro hinaus, um zu sehen, wer da die Grenze passieren wollte. Ein Blick in die Fahrgastzelle verriet ihm, dass sich eine Person im Auto befand. Sowohl auf dem Beifahrersitz als auch auf den Rücksitzen befand sich nichts Verdächtiges. Am Steuer saß ein Mann mittleren Alters, der die Fensterscheibe an seiner Seite erst herunterließ, als der Zöllner an dieselbe klopfte und höflich um die Papiere des Reisenden bat.

Dieses Verhalten erschien dem Beamten verdächtig, zumal er im Laufe der Jahre – er war bereits seit über zwei Jahrzehnten im Dienst – einige Erfahrungen sammeln konnte. Der Mann im Auto überreichte dem Zöllner seinen Personalausweis und nach Aufforderung seinen Führerschein und den Fahrzeugschein.

Der Fremde verhielt sich auffallend nervös, was den Beamten misstrauisch werden ließ. Um sich keiner unnötigen Gefahr auszusetzen – denn man weiß ja nie, ob jemand nicht doch bewaffnet bzw. gefährlich ist, rief er einen Kollegen zu sich. Zwar wirkte der Mann am Steuer überhaupt nicht aggressiv oder bedrohlich, aber es wäre fahrlässig gewesen, ein zusätzliches Risiko einzugehen.

Als der Mann im Auto bemerkte, dass ein zweiter Zöllner hinzukam, steigerte sich dessen Nervosität sichtlich. Es bildeten sich Schweißtropfen auf seiner Stirn und er redete seltsam abgehackt, schon fast stotternd. Es war klar, dass der Mann irgendetwas verheimlichen wollte. Daher fragte der Beamte den Mann ganz direkt, was er im Kofferraum dabeihabe. Der Gefragte schwieg zuerst und schaute betroffen zur Seite. Als der Zöllner seine Frage diesmal etwas lauter wiederholte, zuckte der Fremde zusammen, öffnete den Mund und hauchte eine Antwort, die der Beamte zuerst nicht verstand.

„Bitte reden Sie etwas lauter, ich verstehe Sie nicht!“, forderte er den Fahrer auf. Beim nächsten Versuch sprach der Mann zwei Worte aus, die den Zöllner zuerst einmal verblüfft und ungläubig dastehen ließen: „Ein Känguru!“ – „Bitte was?“, fragte der Mann in Uniform, weil er glaubte, sich verhört zu haben. „Ich habe ein Känguru dabei“, antwortete der Fremde diesmal laut und deutlich. Nachdem sich die erste Verwunderung bei beiden Zöllnern gelegt hatte, wurde der Fahrer aufgefordert, aus dem Auto zu steigen und sich neben seinen Wagen zu stellen, während einer der Beamten den Kofferraum öffnete. Und in der Tat fand er dort ein Känguru vor, das zusammengekauert und betäubt dalag. Beide Beamten waren sprachlos – so etwas war ihnen in all ihren Dienstjahren noch nie passiert.

Wie sich bei der weiteren Untersuchung herausstellte, wollte der Mann das Tier nach Deutschland schmuggeln und dort dem Betreiber eines Privatzoos verkaufen. Als mir die Geschichte erzählt wurde, konnte der Beamte sich ein leichtes Schmunzeln nicht verkneifen. Er versicherte mir, dass dies die kurioseste Schmuggelaktion gewesen ist, die er je erlebt hatte. Um ehrlich zu sein, hatte ich ebenfalls noch nie zuvor von solch einem Fall gehört.

Und Sie, liebe Leserinnen und Leser: Wer hätte gedacht, dass Zolldienst in der Nacht so abwechslungsreich und überraschend sein kann?

Die Lust an Fetisch

Als erfahrener Stadtführer in Konstanz weiß ich, dass zwei Themen bei den Besuchern stets gut ankommen: Sex and Crime! Dem Verbrechen ist man gerne auf der Spur und lässt sich in sicherem Abstand ein bisschen gruseln. Nicht ohne Grund schießen True-Crime-Podcasts, entsprechende Zeitschriften und Fernsehserien seit Jahren wie Pilze aus dem Boden und erfreuen sich wachsender Beliebtheit. Seit Januar 2023 bietet die Tourist-Information der Stadt Konstanz ganz im Sinne dieses Zeitgeistes einen originellen Rundgang durch die Stadt an: Mit der Miss Marple vom Bodensee und dem Inspektor von Konstanz auf den Spuren des Verbrechens früher und heute.

Mindestens genauso beliebt wie Verbrechen ist bei Rundgängen oder in den Massenmedien das Thema „Sex" – ein wahrhaft zeitloser Klassiker. Die Menschen interessieren sich dabei vor allem für das (scheinbar) Abgründige, für das, was gesellschaftlich (noch) nicht akzeptiert ist. Dabei soll es in der vorliegenden Geschichte nicht um sexuell Verbotenes oder Kriminelles gehen, was jeder vernünftige Mensch ablehnen muss. Nein, es werden andere Wege beschritten, die einen Einblick in eine Welt ermöglichen, die mit Missverständnissen, Voyeurismus und Vorurteilen angereichert ist. Es geht um das „berüchtigte" Torture-Ship, das – abgesehen von den Coronapandemie-Zeiten – einmal jährlich an einem Abend im Juni auf dem Bodensee unterwegs ist und im Rahmen seine Ausflugs die Häfen Friedrichshafen und Konstanz ansteuert, um dort Besucher bzw. Teilnehmer dieses außergewöhnlichen Ereignisses aufzunehmen.

Das zumindest bei Spießbürgern und intoleranten Zeitgenossen verschriene Torture-Ship ist seit über 20 Jahren regel-

Neugierige warten auf das Torture-Ship.

mäßig auf dem See unterwegs und stellt einen Sammelpunkt für alle dar, die Lack, Leder, Masken, ausgefallene Kostüme und viel nackte Haut bevorzugen. Jedes Mal sind Hunderte SM- und Fetisch-Begeisterte aus der näheren und weiteren Umgebung dabei, um sich selbst und ihr „Besonders-Sein" zu feiern. Dabei versammeln sich an den Häfen von Friedrichshafen und Konstanz parallel zahlreiche Schaulustige, die die Teilnehmer dieser Veranstaltung und ihre ausgefallenen Verkleidungen anglotzen. Es hat einerseits ein bisschen was von einem Schaulaufen, andererseits ist es purer Voyeurismus der „normalen" Bürger, die fasziniert und manchmal ein bisschen angewidert zuschauen, wer da wie aussehend auf das Schiff geht. Man kann dabei nicht ausschließen, dass ein paar Zuschauer sich insgeheim wünschen, bei dieser Party inkognito dabei zu sein und eine Seite in sich auszuleben, die sie lieber

unterdrücken, um von Freunden und Nachbarn nicht schräg angeschaut zu werden.
Letztendlich stellt sich bei solchen Veranstaltungen und Neigungen die Frage, wer festlegt, was „normal“ ist und was nicht. Vor wenigen Jahrzehnten galt Homosexualität als pervers, abartig und strafbar, was man sich im 21. Jahrhundert kaum mehr vorstellen kann. Daher steht es niemandem zu, die Leute, die ihren Spaß auf dem Torture-Ship suchen, zu verurteilen. Was heute als abwegig gilt, kann morgen gesellschaftlich anerkannt sein. Überkommene Konventionen werden aufgebrochen und die Entfaltungsmöglichkeiten bzw. Spielräume des Individuums erweitert. Die Definition dessen, was als normal angesehen wird, ist in beständigem Fluss und den Entwicklungen unserer gesamten Gesellschaft unterworfen.
Zurück zum Torture-Ship:
Im Jahr 2006 wollte eine lokale Journalistin erfahren, was bei diesem Ausflug auf dem See alles so passiert und mischte sich „getarnt“ unter die feiernden Gäste. Da es für das Schiff einen Dresscode gibt – niemand darf in Alltagskleidung dabei sein, man muss etwas tragen, was man üblicherweise nicht unbedingt tragen würde –, zog sie einen kürzeren Lackrock, ein weißes Hemd mit Korsett, ergänzt um lange schwarze Handschuhe, an und begab sich mit einem leicht mulmigen Gefühl und einer großen Portion Neugierde in Konstanz an Bord.
Nachdem das Schiff vom Hafen abgelegt hatte, steuerte die Partygesellschaft in den beginnenden Sonnenuntergang hinein. Die Journalistin setzte sich an die Bar und bestaunte die zum Teil sehr ausgefallen Kostüme: Eine Frau war komplett in einen Ganzkörper-Lackanzug mit e ner Katzenmaske, die ihr Gesicht weitgehend verhüllte, gekleidet – Cat Woman unterwegs. Einige sahen aus wie Pferde im Lackgewand. Eine Frau hatte ein

rotes, hautenges Lederkleid an und trug einen Hut mit Teufelshörnchen auf dem Kopf. Nicht wenige waren unmaskiert in Fetischkleidung anzutreffen, ein paar hatten Gasmasken auf oder liefen im Smoking mit riesigen Zylindern herum. Eine Domina führte ihren Sklaven an der Leine und woanders wurde jemand in Ketten gelegt.
Eines wurde der Journalistin im Laufe des Abends klar: Was auf den ersten Blick als abartig und pervers erscheint, ist beim genaueren Hinsehen einfach eine spezielle Spielart von Erotik. Sie stellte schnell fest, dass niemand gegen seinen Willen bizarr behandelt wurde. Ganz im Gegenteil: Sie empfand die Atmosphäre auf dem Torture-Ship als angenehm und voller Toleranz. Auf diesem Schiff verachtete niemand sein Gegenüber für dessen Vorlieben. Oder um frei nach Goethe zu resümieren: Hier bin ich Mensch, hier kann ich`s sein“ – sein, wie ich will, ohne die Grenze des Gegenübers zu verletzen.
Im Laufe des Abends entwickelten sich zwischen der Journalistin und mehreren Partygästen Gespräche. Manche Unterhaltungen waren kurz und oberflächlich, manche waren tiefsinniger und zeugten von sehr reflektierten Gedanken. Dabei ging es nicht nur um Fetisch und Sexuelles, sondern um ganz unterschiedliche Themen. Mit einigen Fremden diskutierte sie über die Gesellschaft im Gesamten, ihre Werte und akzeptierten Grenzen. Die Gesamtsituation war in einem doppelten Wortsinn ungewöhnlich: Da wurde über Grundsätzliches philosophiert, während im Hintergrund Menschen tanzten, es eine Darbietung mit einem Feuerschlucker gab und wieder andere in ihrer aufgefallenen Gewandung über das Deck liefen, die Aussicht genossen oder sich mit ihrem Spielpartner beschäftigten.
Der Abend verging für die junge Frau schneller und geistreicher als ursprünglich erwartet, wobei sich ihr ein Gedanke aufdräng-

te: Die Fantasien des einen oder anderen Biedermannes (oder einer Biederfrau) wären an diesem Abend sicher enttäuscht worden. Weder war das Schiff eine Ansammlung Perverser, die sich von einem Gruppensex-Abenteuer in das nächste stürzten, noch waren es Freaks, die verrückt oder krank wirkten.

Unsere Journalistin ging später am Abend mit der Erkenntnis vom Torture-Ship, dass diese Feierenden ganz normale Menschen sind, die in bestimmten Facetten ihres Lebens vom gesellschaftlichen Durchschnitt abweichen (was immer das sein soll). Gleichzeitig macht genau das einen gewissen Reiz aus. Denn seien wir mal ehrlich: Wer will konstant Durchschnitt sein? Diese Gedanken und all die unterschiedlichen optischen Eindrücke der Ausfahrt begleiteten sie auf dem Nachhauseweg. Jahre später erzählte sie mir diese Geschichte, die ich mit ihrer Erlaubnis für dieses Buch niedergeschrieben habe.

Falls Sie, lieber Leser bzw. liebe Leserin, mal an einem Juniabend in Konstanz sein sollten und am Hafen auffällig in Lack und Leder gekleidete Menschen sehen, wissen Sie spätestens nach der Lektüre dieser Geschichte, dass das keinen Karneval im Sommer darstellt, sondern die Gäste des Torture-Ships ihren Spaß haben wollen. Gönnen wir es ihnen.

Närrisches Treiben

Wenn man im Frühjahr an bestimmten Tagen durch Konstanz läuft, kommt man sich vor wie auf einem gigantischen Kostümfest. Überall begegnen einem alle möglichen merkwürdig verkleideten Gestalten mit zum Teil sehr fantasievollen Masken, die ihre Gesichter verdecken. Meist wird man mit einem lauten „Ho Narro!" begrüßt, worauf man ebenfalls mit einem „Ho Narro!" antworten sollte, um zu zeigen, dass man dazugehört. In einem solchen Fall ist man Zeuge der weithin bekannten Konstanzer Straßenfasnacht geworden, die auf eine lange Tradition zurückblickt. Das „Ho Narro!" ist in dieser Region der typische Fastnachtsruf der Narren, während im Rheinland „Helau!" oder „Alaaf!" verwendet wird.

Die Konstanzer Fasnet (wie man sie gerne nennt) ist Teil einer weltweiten Karnevalstradition. Diese einzigartigen Bräuche findet man auf allen Kontinenten, wobei der samba-lastige Karneval in Rio de Janeiro und der venezianische mit seinen kunstvollen Masken die weltweit berühmtesten sind. Ihre Ursprünge findet man im christlichen Glauben und der Vorstellung, dass vor Beginn der vierzigtägigen Fastenzeit, die am Aschermittwoch einsetzt, noch einmal ausgelassen gefeiert werden soll. Es ist kein Zufall, dass im Begriff „Fastnacht" das Wort „fasten" enthalten ist. Darüber hinaus sind sich Volkskundler und Historiker einig, dass die weitverbreitete Vorstellung, die Fasnacht beziehe sich auf heidnische, vorchristliche Traditionen, laut derer durch das lärmende Treiben in den närrischen Tagen und Nächten der Winter ausgetrieben werde, historisch nicht korrekt ist.

Eingeläutet wird der Karneval, den man ergänzend „die fünfte Jahreszeit" nennt, am 11.11. um 11:11 Uhr. Sein Ende ist am Aschermittwoch. Vor der Fasnacht im engeren Sinn, die vom

Schmutzigen Donnerstag bis Fastnachtsdienstag – also sechs Tage – geht, werden in der Bodenseeregion bereits im Januar zahlreiche „Bunte Abende“ angeboten, an denen in geschlossenen Räumen oder Sälen feuchtfröhlich gefeiert wird. In der Regel gibt es ein kleines Rahmenprogramm, das Komödiantisches und Gesangseinlagen beinhaltet.
Die berühmte Straßenfasnacht beginnt in den frühen Morgenstunden des „Schmutzigen Donnerstag“, der auf konstanzerisch eigentlich „Schmotzige Dunschtig“ heißt. Das Wort schmotzig bedeutet, trotz seines ähnlichen Klangs, nicht etwa schmutzig, sondern fettig, da unmittelbar vor der Fastenzeit gerne Fettgebäck gegessen wird. Eine spezielle musikalische Untermalung dieses bunten Treibens gehört dazu: die Guggenmusik, eine Art Blasmusik mit einfachen Melodien, die vor allem bei Umzügen wie dem berühmten Hemdglonkerumzug am Fasnachtssonntag gespielt wird. Bei solchen Gelegenheiten wird der Alltag auf den Kopf gestellt und so mancher lässt mal „die Sau raus“. Wer es etwas eleganter haben will, besucht einen Fastnachtsball, auf dem getanzt, gelacht und nebenbei viel geflirtet wird.
Höhepunkt der Konstanzer Fasnacht ist für viele Einheimische und Auswärtige die große Veranstaltung im Konzilsgebäude am Hafen, die jedes Jahr aufgezeichnet und ein paar Tage später im SWR-Fernsehen ausgestrahlt wird. Dort werden Büttenreden gehalten, gesungen und von Laienschauspielern Sketche aufgeführt. Bei dieser Gelegenheit zeigt sich gerne die lokale Prominenz, z. B. Politiker, Unternehmer oder Künstler.
Die Fasnacht im Südwesten Deutschlands bezeichnet man oft als „schwäbisch-alemannische Fasnet“. Im Unterschied zum rheinischen Karneval ist sie auf eine gewisse Art düsterer. Vor allem in Konstanz fällt dies auf. In unserer Stadt trifft man in jenen Tagen und ausgesprochen oft abends auf zahlreiche verkleidete

Narren mit sehr aufwendig gestalteten Kostümen, die nicht selten unter dem Jahr in stundenlanger Geduldsarbeit von Hand gefertigt werden. Manche Narren schneidern sich Fantasiekostüme, während andere sich einem Verein mit einem genau definiertem Häs, so nennt man die Faschingskostüme auf alemannisch, anschließen – frei nach dem Motto, dass in Gemeinschaft die närrischen Tage wesentlich mehr Spaß bereiten als allein. Äußerst beliebt sind schaurige Maskeraden, die einem unvorbereiteten Besucher einen gehörigen Schrecken einjagen können. Warum die Bewohner des Bodensees in der Fasnachtszeit diesen deutlichen Hang zu Grusel- und Horrorelementen haben, ist nicht geklärt und lässt viel Raum für Spekulationen.

Die bekanntesten Fastnachtsvereine in Konstanz sind die Blätzlebuebe und die Münsterhexen. Vor allem Letztere gehören mit ihren schaurigen Masken zu den bereits erwähnten düsteren Narren, die mit ihrem Aussehen Passanten ein bisschen erschaudern lassen. Neben den gruslig aussehenden Münsterhexen tummeln sich allerlei andere Monstergestalten auf den fastnächtlichen Straßen, u. a. Seegeister, Teufel, Perchten, Krampusse, Werwölfe und viele weitere Wesen der dunklen Sphären.

Eine Geschichte zu den Münsterhexen, die sich in den 2000er-Jahren zugetragen hat, soll an dieser Stelle erzählt werden. Dazu muss man wissen, dass die Münsterhexen eigentlich ganz nette Zeitgenossen sind, denen es gefällt, in der Fasnet in eine andere Rolle zu schlüpfen, um dem Alltag und damit dem Leben von Zeit zu Zeit eine außergewöhnliche Note zu verleihen. Wenn sie ihr Häs an- und vor allem ihre schaurige Maske aufziehen, nehmen sie eine ganz bestimmte Rolle ein. Ganz im Sinne der alemannischen Fastnachtstradition erschrecken sie vorzugsweise andere Narren, die ihre Wege kreuzen.

Ausgelassene Fasnet im Herzen von Konstanz.

In dem Fall sollte man ein bisschen Humor dabeihaben, denn wer bierernst die Konstanzer Straßenfastnacht besucht, könnte die eine oder andere Überraschung erleben. Bevorzugte „Opfer“ der Hexen sind vor allem vorlaute männliche Mäschgerle, die sich über andere lustig machen oder es gar wagen, eine Münsterhexe zu verspotten.

So erging es drei Freunden aus Meersburg, die vor knapp 20 Jahren am Schmotzige Dunschtig Konstanz maskiert besuchten. Sie hatten sich selbst sehr schaurig verkleidet: Einer stellte den Sensenmann dar – mit komplett schwarzem Umhang, tief ins Gesicht gezogener Kapuze und einer Sense aus Plastik. Der andere wollte als Horror-Clown die Leute erschrecken. Er hatte sich in ein entsprechendes Clownskostüm gehüllt, eine mit Kunstblut getränkte Plastikmachete in der rechten Hand und eine Maske auf, die das grinsende Gesicht eines clownesk geschminkten Psychopathen darstellt. Der Dritte im Bunde wollte den anderen beiden in punkto Gruseligkeit in nichts nachstehen: Er trug ein Holzfällerhemd, eine zerlumpte Hose, seine Hände bedeckten Handschuhe mit künstlichen Krallen und sein Gesicht wurde von einer Wolfsmaske verdeckt. Es bestand kein Zweifel, Sensenmann, Psychoclown und Werwolf wollten die Straßen der Stadt unsicher machen.

Vom Schnetztor sich der Altstadt nähernd, erschreckten sie auf eine bisweilen recht aufdringliche Art und Weise Passanten. Sie brüllten sie an und taten so, als ob sie die Leute anspringen würden. Der Clown fuchtelte mit seiner Machete, während der Sensemann mit seinem „Mordinstrument“ Verunsicherung stiften wollte. Als sie sich dem Obermarkt näherten, trafen sie auf eine Gruppe von ca. zehn Münsterhexen, die einen Wagen mit sich zogen. Auf ihm befand sich ein mannshoher Käfig mit metallenen Gitterstäben, der am Boden mit Stroh gefüllt war. Neben dem Käfig befand sich eine kleinere Kiste. Die Hexen hatten eine Weile beobachtet, wie die drei Monster-Meersburger andere erschreckten. Als unser Trio die Hexen erblickte, begingen sie einen folgenschweren Fehler. Sie gingen laut grölend auf diese „bösen Frauen“ zu – sie hatten gut Alkohol getankt – und fingen an, diese zu verhöhnen. Doch das hätten sie besser nicht getan, zumal die pöbelnde Art der drei geradezu nach einer pädagogischen Maßnahme schrie.

Blitzschnell hatten die Hexen die Ausheimischen eingekreist und fingen ihrerseits an, die Jungs zu verhöhnen und auszulachen. Dann packten sie den Horrorclown und stecken ihn in den Käfig, während den anderen beiden angesichts der Überzahl an Hexen nichts anderes übrigblieb, als zuzuschauen. An Flucht war nicht zu denken, da mittlerweile gut ein Dutzend von den „Teufelsdienerinnen“ da waren, um die beiden im Kreis gefangen zu halten. Der unglückliche Clown zog seine Maske ab und bat die Hexen um Entschuldigung. Er und seine beiden Freunde seien extra aus Meersburg gekommen und wollten doch nur ein bisschen Spaß haben. Allerdings war der ganz aufseiten der Hexen. Nun öffnete eine von ihnen die erwähnte Kiste und zog eine große Tube und einen Pinsel heraus. In der Tube befand sich eine scharf riechende Knoblauchpaste, die auf den Pinsel gedrückt wurde. Der Clown ahnte, was ihm blühte, und winselte um Verschonung. Doch bei solch einem Vergehen, dessen sich die drei schuldig gemacht haben, kannten die Hexen kein Erbarmen. Mit dem Pinsel schmierten sie die Kleidung des Clowns ein, der im engen Käfig der „Leckerei“ nicht ausweichen konnte.

Seine beiden Freunde sahen fassungslos und verängstigt zu und baten darum, dass man wenigstens sie in Ruhe lassen solle. Man wäre von jetzt an garantiert friedlich. Als der Clown aus dem Käfig gelassen wurde, stank er bestialisch nach Knoblauch. Eine der Hexen fragte die drei, ob sie ihre Lektion wirklich gelernt hätten, dass man nicht pöbelnd durch die Straßen laufen und Leute belästigen solle, vor allem keine Münsterhexen! Fasnacht solle ein Spaß für alle sein, die mitmachen wollen – und ein bisschen Erschrecken sei in Ordnung, aber man dürfe es nicht übertreiben.

Die drei versicherten, dass sie verstanden hätten, und sich gerne auf den Heimweg begeben würden, denn sie hätten wohl ein bisschen zu viel getrunken. Die Münsterhexen ließen sie gehen und verabschiedeten sie mit einem lauten „Ho Narro!“ aus allen Kehlen.

Wer nach der Lektüre dieser Geschichte mehr Lust auf Fasnet in Konstanz bekommen hat, kann zusätzlich das Fastnachtsmuseum im Rheintorturm neben der alten Rheinbrücke besuchen. Oder besser: Man besucht die Stadt während der sechs närrischen Tage und bewundert diese einmalige Tradition mit ihrem bunten Treiben auf den Straßen. Ein bisschen Gruseln ist ebenfalls garantiert, falls man dem einen oder anderen Seegeist, Dämon oder Monster begegnen sollte. Dass man sich trotz der ausgelassenen Stimmung stets zu benehmen wissen sollte, versteht sich eigentlich von selbst, denn man weiß nie, ob man nicht der einen oder anderen Münsterhexe begegnet.

Skandal im Hafenbezirk

Wer zum ersten Mal am Konstanzer Hafen steht, dem fällt sofort die große Hafeneinfahrtsfigur auf, die die Schiffe und ihre Gäste auf ganz eigene Art und Weise begrüßt. Sie ist neun Meter hoch, dabei 18 Tonnen schwer und dreht sich im Vier-Minuten-Takt Tag und Nacht um ihre eigene Achse, damit man jede ihrer Seiten gebührend bewundern kann. Es ist aufgrund ihres üppigen Vorbaus nicht übersehbar, dass der Koloss eine Frau darstellen soll, die tiefe Einblicke in ihr Dekolletee gewährt. Ihr lasziver Ausdruck wird zusätzlich durch ihr rechtes nacktes Bein betont, das sie ein bisschen hervorstreckt, was als einladende Geste interpretiert werden kann. Ohnehin zeigt sie mit ihrer wohlproportionierten Figur viel Haut, sodass sie im Gesamten einen wahren Blickfang darstellt, der im männlichen (und weiblichen) Auge nicht wehtut. Doch damit ist es nicht genug: Sie trägt auf ihren Händen jeweils ein nacktes Männlein, von den jedes eine Krone trägt: Der eine die Kaiserkrone, der andere die Tiara, die Papstkrone. Dazu später mehr.

Seit nunmehr 30 Jahren (seit Frühjahr 1993) dreht sie sich und lässt Menschen, die sie zum ersten Mal erblicken, nicht selten mit offenem Mund staunen. Ihr Name ist Imperia und sie ist einer Frau nachempfunden, die vor vielen Jahrhunderten lebte. Die meisten Konstanzer glauben die historischen Hintergründe der Dame zu kennen, doch wenn man genauer nachfragt, ergibt sich ein Sammelsurium aus (Halb-)Wahrheiten und Dichtung. Daher schauen wir uns die historische Imperia kurz etwas genauer an, bevor sich unsere Aufmerksamkeit auf die spannenden und höchst humoresken Umstände ihrer Aufstellung richtet. Ihr bürgerlicher Name war de Paris, ihr Vorname ist nicht eindeutig überliefert. Gelebt hat sie in der ewigen Stadt Rom, wo sie

1486 geboren und 1511/1512 gestorben ist. Sie war die berühmteste Kurtisane ihrer Zeit, also eine Dame, die man am ehesten als Gesellschafterin mit gewissen Extras beschreiben könnte. Keinesfalls kann man sie als Hure bezeichnen, denn genau genommen suchte sie sich den jeweiligen Mann aus, dem sie ihre Zeit schenkte. In jungen Jahren wählte sie den Künstlernamen Imperia, was frei übersetzt „Beherrscherin" bedeutet, womit naheliegenderweise gemeint sein könnte, dass sie die Beherrscherin der männlichen Gelüste war, denn sie soll eine sehr attraktive, intelligente und charmante Frau gewesen sein. Sie war die Geliebte von so manch berühmter Persönlichkeit und inspirierte zahlreiche Künstler zu ihren Werken. U. a. wurde sie von ihrem berühmten Zeitgenossen, dem Maler Raffael, den sie persönlich kannte, auf einem Gemälde verewigt.

Es heißt, dass Imperia im Rahmen des Konstanzer Konzils (1414–1418) bei uns am Bodensee war und so manchen Kirchenfürsten beglückte. Doch dies ist angesichts ihrer Lebensdaten unmöglich. Schuld an diesem Mythos ist der französische Schriftsteller Honoré de Balzac, der sie im 19. Jahrhundert zur Hauptfigur zweier seiner Kurzgeschichten erkor. In einer von ihnen war sie während des Konzils in Konstanz und hatte das eine oder andere Tête-à-Tête. Dies ist der Grund, warum heute viele Einheimische glauben, sie wäre in unserer alten Bischofsstadt gewesen, was sie nachweislich nie war.

Wenden wir uns dem Jahr 1993 zu, als der größte Skandal der letzten 30 Jahre Konstanz erschütterte. Der am Bodensee sehr bekannte (oder auch berüchtigte) Künstler Peter Lenk setzte die Idee zur Imperia-Statue um. Die Aufstellungsgeschichte der Figur ist spannend wie ein Krimi und voller Wendungen, die wir jetzt nicht alle nachvollziehen können, denn das würde spielend leicht ein eigenes Buch füllen. Über eine repräsentative Hafeneinfahrtsfigur diskutierten Konstanzer Stadträte bereits seit den 1850er-Jahren. Vor allem im Fremdenverkehrsverein wurde intensiv darüber nachgedacht. Warum man so lange nachgedacht und nicht gehandelt hatte, ist eines der vielen Rätsel dieser Stadt.

Anfang der 1990er-Jahre einigte man sich auf den Pegelturm an der Hafeneinfahrt als Standort. Doch wie sollte das Kunstwerk konkret aussehen? Peter Lenk schlug in einer Geheimsitzung eine Art Freiheitsstatue von Konstanz vor, jemand anders die Fischerin vom Bodensee mit dem Schriftzug „Herzlich willkommen am Bodensee“. Zum Glück setzte sich letzterer Vorschlag nicht durch, der in den Augen vieler allzu spießbürgerlich und ohne wirklichen Bezug zur Konstanzer Geschichte war. Aber eine Frauenfigur sollte es auf jeden Fall sein, da war man sich schnell einig. Bei einer Sitzung des Fremdenverkehrsvereins war die Frau des Künstlers, Bettina Lenk, anwesend, die sich als lebendes, „bewegliches Modell“ zur Verfügung stellte. Als sie sich mit dem Hinterteil zum Publikum bückte, kommentierten dies Teile der Anwesenden mit Applaus. Jemand forderte laut: „Ausziehen!“ und Bettina begann tatsächlich, ihre Bluse aufzuknöpfen, woraufhin der Vorsitzende des Vereins sofort und erfolgreich einen Stopp dieser Einlage forderte, um keinen Skandal entstehen zu lassen. Schließlich setzte sich die Idee durch, besagte Imperia auf einer Drehscheibe aufzustellen, damit sie sich kontinuierlich um ihre eigene Achse dreht.

Als erste Gerüchte durchsickerten und das Licht der Öffentlichkeit erblickten, artikulierte sich lautstarker Widerstand. Dazu muss man wissen, dass Peter Lenk gerne mit seiner Kunst provoziert. Er hatte sich bereits mit früheren Projekten eine stattliche Zahl von Feinden in der Stadt geschaffen. Der eine oder andere konservative Stadtrat wollte unbedingt verhindern, dass eine Figur von Peter Lenk aufgestellt würde. Zeitweise beruhigten sich die Gemüter wieder, da manche an einen Aprilscherz glaubten. Zufälligerweise war die Geheimsitzung des Fremdenverkehrsvereins am 1. April. Doch es sollte ganz anders kommen.

Nachdem die Imperia den Zuschlag erhalten und der Künstler die Statue erschaffen hatte, wurde sie mit einer Fähre über den See nach Konstanz transportiert. Man erzählt sich, dass die Kosten für die Verladung, immerhin 20.000 Schweizer Franken, von der Migros St. Gallen und der Konservenfabrik Bischofszell übernommen wurden – unter der Bedingung, dass Peter Lenk niemals ein Kunstwerk in der Schweiz aufstellen werde. Dies ist zur Abwechslung mal eine etwas andere Methode der Kunstförderung.

In einer Nacht-und-Nebel-Aktion wurde die Statue am 24. April 1993 im Konstanzer Hafen aufgebaut. Kaum hatte sich herumgesprochen, wen diese Figur darstellt, war das Geschrei in der Stadt groß. Bisweilen hörte man den Ruf „Die Hur muss weg“. Andere argumentierten, dass dieses „Nuttendenkmal“ religiöse Gefühle verletze. Sogar das erzbischöfliche Ordinariat forderte einen Abbau der Figur. Im Rahmen dieser Auseinandersetzung meldeten sich obendrein Feministinnen zu Wort, die einen klaren Fall von Sexismus erkannten. Die großen Brüste der Renaissancekurtisane seien frauenfeindlich.

Die Verteidiger der Imperia ließen nicht lange auf sich warten. Sie warfen den Kritikern einerseits Bigotterie vor, andererseits vollkommene Unkenntnis der Sachlage. Imperia sei eine Kurtisane gewesen, keine Hure. Sie war eine gebildete, intelligente Frau, die in den höchsten Gesellschaftskreisen von Rom verkehrte und als „Dame“ angesprochen wurde. Kurtisanen waren hoch angesehene Frauen, auf deren Rat viele mächtige Männer gerne hörten. Erst das 20. Jahrhundert machte Imperia zu der Hure, die sie nie war.

Die schöne Imperia in ihrer ganzen Pracht.

Darüber hinaus verwies Peter Lenk darauf, dass die beiden Männlein in den Händen der Figur keineswegs König und Papst seien, sondern in Wirklichkeit zwei Gaukler darstellten, die sich die Insignien der Macht unrechtmäßig angeeignet haben. Ob der Künstler damit einer Anzeige wegen Blasphemie zuvorkommen oder seinen speziellen Humor unter Beweis stellen wollte, sei dahingestellt.
Die meisten Einheimischen haben sich mittlerweile an ihre berühmte Hafenfigur gewöhnt, daher gibt es kaum mehr Stimmen, die fordern, dass sie wieder abgebaut werden soll. Ein solches Unterfangen wäre für die Außenwirkung der Stadt ohne Zweifel katastrophal, denn die Imperia ist einerseits ein Touristenmag-

net und Aushängeschild der Stadt. Andererseits ist sie ein Symbol für das tolerante Konstanz, das im Zeichen von Weltoffenheit und Fortschritt seinen Weg durch das 21. Jahrhundert sucht – und hoffentlich findet. Nicht wenige Einheimische nennen die Imperia-Figur liebevoll „Freiheitsstaue von Konstanz", während die Berliner Zeitung sie in die Liste der zehn berühmtesten Statuen der Welt aufgenommen hat.

Es ist sicher nicht übertrieben zu behaupten, dass gut 99 % der Konstanzer die Imperia zwischenzeitlich in ihr Herz geschlossen haben, während das letzte halbe bis ein Prozent sie weiterhin weg haben will. Natürlich hat jeder das Recht auf seine eigene Meinung, allerdings kann man diesen Menschen getrost empfehlen, die gesamte Geschichte einfach mal mit ein bisschen Humor zu betrachten. Es ist niemand zu Schaden gekommen, das Geschichtsbewusstsein vieler Menschen wurde geweckt bzw. geschärft und das vielleicht Allerwichtigste: Die historische Aussage der Figur ist vollkommen korrekt. Wer ernsthaft glaubt, dass sich ein katholischer Geistlicher bzw. ein König nie zu einer (fremden) Frau ins Bett gelegt hat, kann gleich an den Osterhasen glauben.

Erinnern wir uns an unseren eigenen Geschichtsunterricht in der Schule und seien wir mal ehrlich: Geschichte, vor allem wenn sie so schön verpackt ist wie im Konstanzer Hafen, kann spannend sein.

Der Wink Gottes

Eine der urigsten und stimmungsvollsten Kneipen, die Konstanz jemals beherbergt hat, war ohne Zweifel der Klosterkeller. Er befand sich in der Salmannsweilergasse 17, mitten in der Altstadt, in einem jahrhundertealten Gebäude, das einst wohl Teil eines Klosters oder zumindest in klösterlichem Besitz war.
Betrieben wurde diese Bar von einem waschechten Mönch, der sich selbst einfach Lothar nannte – ohne Nachnamen, wie bei Mönchen üblich. Vor allem in den 1990ern war diese Kneipe ein Geheimtipp für alle, die eine wahrhaft besondere Atmosphäre bevorzugten, während sie mit Freunden oder Bekannten zusammensaßen und bei dem einen oder anderen Glas Wein oder Bier über Gott und die Welt redeten.
Diese ganz eigentümliche Gesamtsituation fing damit an, dass man nicht einfach in diese Schänke hineinging. Nein, man musste oben auf der Gasse eine Klingel betätigen und warten, bis Lothar kam und einem die von außen verschlossene Tür persönlich öffnete. Nach einer freundlichen Begrüßung durfte man in das Gebäude eintreten und folgte dem Mönch die Treppenstufen hinab zum unteren Gewölbe, wo sich die Schankstube befand, die nicht von ungefähr „Klosterkeller" hieß. Wenn man zum ersten Mal diesen Ort betrat, wusste man gar nicht, wo man zuerst hinschauen sollte, denn er war auf faszinierend unübersichtliche Art und Weise vollgestellt. Der Raum selbst war ca. 30 Meter lang und breit genug, dass sich auf beiden Seiten des Mittelgangs Tische mit 6–7 Sitzgelegenheiten befanden. An den Wänden standen hohe Regale bzw. Schränke, die vollgestellt waren mit allen möglichen kirchlichen Utensilien, sozusagen dem klösterlichem Strandgut der Jahrhunderte. Dort fand man hölzerne Kruzifixe, an denen der Zahn der Zeit sichtlich genagt

hatte. Zusätzlich konnte man Weihrauchschwenker, Rosenkränze, einfache Kreuze, Gebetsbücher und verstaubte Bibeln entdecken. Entsprechend roch der Raum nach dem Duft vergangener Zeiten. Es entfaltete sich vor dem Auge des Betrachters ein klösterliches Kabinett der Kuriositäten. Allein dieser Anblick mit seiner einzigartigen Stimmung war ein Ausflug in dieses Etablissement wert, auch wenn es heute sehr verwundert, dass die Behörden dieses Lokal nie geschlossen haben, denn es gab im Falle eines Feuers oder ähnlicher Bedrohungen keine zusätzlichen Fluchtwege – der Keller war eine Sackgasse ohne zweiten Aufgang an die Oberfläche.

Im Hintergrund lief ausschließlich kirchliche Musik. Entweder vernahm man die berühmten Gregorianischen Gesänge des 6. Jahrhunderts, Kompositionen von Hildegard von Bingen oder andere geistliche Klänge aus alten Zeiten. Diese musikalische Untermalung verstärkte die außergewöhnliche Atmosphäre.

Die Imbisskarte war recht karg und erinnerte eher an den Speiseplan von Mönchen als an eine moderne Gaststätte. Es gab Schmalz, belegte Brote und manchmal ein Stück Schinken. Die Getränkeauswahl war ebenfalls an die Herkunft des Gebäudes angelehnt. Man konnte von Mönchen gebrautes Bier, verschiedene Weinsorten und natürlich Softdrinks bzw. Wasser genießen. Die Schänke öffnete 18.00 Uhr und schloss ihre Pforten je nach Frequentierung spätestens um 0.00 Uhr.

Mitte der 1990er-Jahre ging ich eines Abends mit zwei guten Freunden in den Klosterkeller, um ein angeregtes Gespräch zu führen. Diesmal ließen wir uns von der Umgebung inspirieren und begannen ein Gespräch über Gott, die Kirche, Religionen und Spiritualität. Einer der Freunde hatte einen sehr persönlichen Bezug zu diesen Themen, da er mit Anfang 20 den Plan verfolgt hatte, als Novize in ein Franziskanerkloster in Hessen

Eingang des ehemaligen Klosterkellers in der Konstanzer Altstadt.

einzutreten, um seinen Lebensweg als Mönch zu finden. Diesen Plan hatte er zwar bald wieder aufgegeben, aber eine gewisse Verbundenheit zum Mönchstum blieb ihm erhalten. Der andere Freund war wie ich eher den weltlichen Dingen zugetan, was nichts daran änderte, dass wir alle die Stimmung dieses Ortes genossen.

An diesem Abend diskutierten wir bis kurz vor Mitternacht angeregt miteinander und verstiegen uns zu so manch steiler These in Bezug auf Kirche und Glauben. Dabei habe ich das eine oder andere Kirchenkritische gesagt – mit schmerzhaften Folgen. Nach einer entsprechenden Formulierung meinerseits fiel mir plötzlich von einem der oberen Bretter ein kleines Gebetsbüchlein auf den Kopf. Unser „Fast-Mönch" lachte laut auf und kommentierte diesen Zwischenfall schmunzelnd mit dem Satz: „Das war ein Wink von oben wegen deiner lästerlichen Worte." Ich fasste mir an den Schädel und prüfte, ob ich eine Beule abbekommen hatte, was zum Glück nicht der Fall war. Trotzdem wunderte ich mich, warum gerade jetzt dieses Büchlein heruntergefallen war. Etwas Vergleichbares war bei allen anderen Besuchen nie passiert. Unbeirrt redete ich weiter und fühlte mich durch diese kleine Episode zusätzlich in meiner Kritik angespornt. Doch dann fiel auf einmal eine schwere Bibel direkt neben mir auf den Tisch. Sie hatte sich ebenfalls, wie „von Geisterhand" bewegt, aus einem der oberen Regale gelöst. Es wurde es mir ein bisschen unheimlich und während ich die Bibel an die Seite legte, kam Mönch Lothar vorbei und fragte, ob alles in Ordnung sei. Wir versicherten ihm, dass nichts passiert war, während er wortreich diesen Vorfall bedauerte.

Nach dieser zweiten „Attacke" von oben beschlossen wir drei, besser das Gesprächsthema zu wechseln. Natürlich glaubte niemand von uns, dass höhere Mächte am Werk gewesen sein könnten, aber ein bisschen rätselhaft war das Ganze zweifellos. In angenehmer Verfassung verabschiedeten wir uns von Lothar und gingen nach Hause, wohl wissend, dass wir diesen Ort bald wieder aufsuchen würden.

Allzu lange sollten uns solche vergnüglichen Abende an dieser historischen Stätte nicht mehr vergönnt sein. 1998 gab Mönch Lothar altersbedingt das Lokal auf und es kam in „weltliche Hände". Zum Leidwesen vieler Besucher haben die neuen Pächter den Klosterkeller umgebaut und ihm durch eine neue, moderne Einrichtung sehr viel von seinem vorherigen Flair genommen. Die Musik war ebenfalls nicht mehr die gleiche. Es „dudelten" Chartslieder aus den Lautsprechern, was zu diesem Gewölbe einfach überhaupt nicht passte. Die Besucher blieben aus. Es kam, was kommen musste: Im Jahr 2000 schloss die Kneipe ihre Pforten für immer. Wirklich für immer? Seit ein paar Jahren verbreiten sich verstärkt Gerüchte, dass die Gaststätte wieder eröffnen werde. Lothar wird damit nichts mehr zu tun haben. Er ist vor einigen Jahren verstorben. Aber womöglich findet sich jemand, der diesen alten Mauern wieder ihren Zauber verleiht und ihn für hungrige, durstige und neugierige Gäste öffnet. Falls dies dereinst der Fall sein sollte, werden wir drei den Klosterkeller besuchen und uns in anregende Gespräche vertiefen. Und wer weiß, vielleicht wartet das eine oder andere Buch über unseren Köpfen auf uns.

Für immer und ewig

Wer träumt nicht von der großen Liebe, die nie erlischt, die uns ein Leben lang erfüllt und unser Herz erwärmt? Auch wenn so manche Liebe feurig-leidenschaftlich beginnt, um dann doch zu vergehen, steckt wohl in vielen von uns ein hoffnungsloser Romantiker, der an diese einzigartige Liebe glaubt.
Und wenn man davon überzeugt ist, sie endlich gefunden zu haben, möchten viele ihr ein sichtbares Zeichen setzen. Ein Blumenstrauß als Klassiker taugt nicht viel, verwelkt er doch über kurz oder lang – und das soll ja mit der Liebe besser nicht geschehen. Ganz Unerschrockene lassen sich gar den Namen der oder des Angebeteten irgendwo auf die Haut tätowieren. Aber das ist nicht jedermanns Sache, denn falls diese Beziehung eines Tages zerbrechen sollte, ist die Entfernung des Namens eine zusätzlich äußerst schmerzhafte Sache.
Aber zum Glück gibt es Alternativen, die klein, aus Metall und in beliebigen Farben zu haben sind: Gemeint sind natürlich die Liebesschlösser, die inzwischen in der ganzen Welt anzutreffen sind. Zum Glück für die Damen ist damit nicht das Schloss eines Keuschheitsgürtels gemeint, was eher ein Zeichen von Eifersucht als von Liebe wäre. Ein Liebesschloss ist ein Vorhängeschloss, das nach einer jungen Tradition von Liebespaaren an Gittern, Brücken, Metallzäunen oder ähnlich feststehenden Gegenständen angebracht wird, um symbolisch und sichtbar ihre nie vergehende Liebe im wahrsten Sinne des Wortes zu beschließen bzw. zu besiegeln.
Die genauen Ursprünge dieses Brauchs sind im Dunkel der Vergangenheit verborgen und können nicht mehr eindeutig rekonstruiert werden. Es gilt aber als wahrscheinlich, dass Italien der Ausgangspunkt ist. Manche Forscher vermuten, dass

Absolventen der Sanitätsakademie San Giorgio in Florenz als Erste mit diesem Ritual begonnen haben. Am Ende ihrer Lehrzeit sollen sie die Vorhängeschlösser ihrer Spinde, die sie nun nicht mehr benötigten, an einem Gitter des Ponte Vecchio – dies ist die berühmte alte Segmentbogenbrücke von Florenz – als Liebeszeichen angebracht haben. Andere verliebte Besucher bzw. Touristen sahen die Schlösser und nahmen die Idee in ihre Heimatstädte mit. So verbreitete sich dieses Ritual zuerst in den Städten Italiens, bevor es über die Alpen zu uns nach Konstanz kam und schließlich die ganze Welt im Namen der Liebe eroberte.

Die Schlösser enthalten oft eine passende Gravur oder Beschriftung. Meist sind dies die Vornamen, manchmal die Initialen des Liebespaares inklusive Datum.

Längst nicht alle sehen diese romantische Tradition unkritisch. Zu viele Liebesschlösser gefährden das Erscheinungsbild der betreffenden Brücke oder des Geländers. Im Extremfall kann sogar die Statik gefährdet sein. Daher haben einige Städte – wie z. B. Venedig und Berlin – Verbote erlassen, die das Anbringen dieser Schlösser an Brücken oder Laternen unter Strafe stellen. Parallel dazu werden die Schlösser regelmäßig entfernt und entsorgt.

Zum Glück mussten in Konstanz solche Verbote bisher nicht ausgesprochen werden, sodass die Liebenden sich bei uns auf diese Weise ungehindert ausdrücken dürfen. Konkret gibt es mehrere Orte in unserer Metropole an See, an denen dieser Brauch anzutreffen ist. Besonders beliebt ist der Zaun um die Imperia herum, der weithin bekannten und von vielen bewunderten Hafeneinfahrtsfigur von Konstanz. Dass diese Figur einer italienischen Kurtisane des frühen 16. Jahrhunderts nachempfunden ist, passt hervorragend: Imperia war eine sehr

Liebesschlösser am Imperiazaun.

kultivierte, wunderschöne Frau, die mit ihrem Liebreiz und ihrer erotischen Ausstrahlung reihenweise die Männer um den Finger wickelte. Daher dürfte am Bodensee kaum ein anderer Ort besser geeignet sein, um seiner leidenschaftlichen Liebe einen angemessenen Ausdruck zu verleihen. Direkt am Wasser gelegen, lädt dieser Ort dazu ein, verliebt auf den See zu blicken und sich wunderschönen Tagträumereien hinzugeben.

Der Imperiazaun ist in Konstanz nicht die einzige Stelle für Liebesschlösser, aber die beliebteste. Am Geländer der Fahrradbrücke über den Rhein findet man sie ebenfalls. Die Zeremonie, wie diese Schlösser angebracht werden und was man zusätzlich in dem Augenblick macht, ist bei vielen Liebespaaren sehr ähnlich. Wir spielen dies in unserem Fall mal am Imperiazaun durch:

Meist suchen die Verliebten den Konstanzer Hafen nach Sonnenuntergang auf, um trotz des öffentlichen Raumes bei Dun-

kelheit ein bisschen Ungestörtheit und Intimität genießen zu können. Danach stellen sie sich unter die Imperiafigur direkt an das Geländer, bringen gemeinsam das Liebesschloss an und schauen sich tief in die Augen. Sie schwören sich ewige Liebe, küssen sich leidenschaftlich und nachdem sich ihre Lippen voneinander gelöst haben, werfen sie den Schlüssel des Schlosses in die Fluten des Bodensees und rufen beide laut: „Für immer!“ Welch eine herrlich romantische Zeremonie direkt an den Ufern unseres wunderschönen „Schwäbischen Meeres“.
Mittlerweile finden sich am Imperiazaun Hunderte von Liebensschlössern und es werden ständig mehr. Ob es vorzugsweise Einheimische sind oder eher Touristen, die jedes Jahr zu uns kommen, um Konstanz’ einzigartige Stimmung zu genießen, kann man nicht mit Gewissheit sagen. Eines steht fest: Wundern Sie sich nicht, wenn Sie bei Dunkelheit mal am Hafen bei der Imperia stehen und sehen, wie sich Verliebte küssen und irgendetwas in den See werfen. Und vielleicht sind Sie durch diese Geschichte inspiriert worden und wollen mal vorbeikommen – mit einem Schloss in der einen und Ihrer/Ihrem Liebsten in der anderen Hand …

Nachts in der Bibliothek

Die Universität Konstanz ist eine der jüngsten Hochschulen Deutschlands. Erst 1966 wurde sie als interdisziplinäre Reformuniversität gegründet. Sie gehört zu den elf Exzellenzuniversitäten Deutschlands, was bedeutet, dass sie intensiv in den Genuss der Förderung von Wissenschaft und Forschung kommt. Ihre Bibliothek ist mit einem Buchbestand von mehreren Millionen Bänden eine der größten Deutschlands. Bis vor wenigen Jahren bot sie einen bei Studierenden beliebten Service für die Nachteulen an: Sie war von Montagmorgen bis Freitag 23.00 Uhr durchgehend geöffnet.

Die Konstanzer Hochschule ist nicht zuletzt aufgrund ihrer idyllischen Lage sehr beliebt: Sie befindet sich mit einer Fläche von 90.000 m^2 auf dem Gießberg, der am Rand des Mainauwalds beim Stadtteil Egg liegt. Von einigen Hörsälen aus hat man einen gigantischen Ausblick auf den Überlinger See und die Blumeninsel Mainau. Richtung Innenstadt passiert man den Hockgraben, der durch seine Graslandschaft den naturverbundenen Eindruck des Gesamtensembles zusätzlich verstärkt.

Ich selbst habe in den 1990ern und frühen 2000ern an der Universität Konstanz studiert und die Lage meiner Alma Mater sehr genossen. Da ich zumindest in Studienzeiten eindeutig zu den Nachteulen zählte, die selten vor 2.00 Uhr ins Bett gingen, gehörte ich zu denen, die die Büchersammlung für Recherchearbeiten bevorzugt in der Nacht benutzten. Spätestens ab 1.00 Uhr morgens leerte sich die Bibliothek spürbar und man war weitgehend allein mit all den Büchern, Tischen und Leseecken. Natürlich sind alle diese Räume durchgehend mit künstlichem Licht durchflutet, daher kann man innerhalb dieses riesigen Gebäudekomplexes, der über mehrere Stockwerke geht, nicht sagen, ob es Tag oder Nacht ist. Es sei denn, man schaut aus den Fenstern, die an den wenigsten Stellen direkt einsehbar sind. Zusätzlich beeindruckt (oder besser: verschreckt) die Bibliothek manche durch ihre immense Größe: In diesen riesigen Bücherhallen kann man sich schon mal verirren und die Orientierung verlieren, wenn man sich nicht auskennt. Vor allem in der Nacht, wenn es kaum jemanden gibt, den man nach dem Weg fragen kann. Dann kann das eine oder andere Geräusch schnell unheimlich wirken – wie in der vorliegenden Geschichte.

Es war im Winter 2002, als sich unter den Studierenden eine düstere Legende verbreitete, die manche belächelten und nicht ernst nahmen, andere jedoch erschaudern ließ. Es kam das Gerücht auf, dass ein Geist nachts in der Bibliothek sein Unwesen treibe. Er käme stets tief in der Nacht, wenn kaum jemand sich im Gebäude befindet, und würde die Anwesenden mit Klopfgeräuschen, Flüstern und optischen Täuschungen erschrecken. Zu Beginn wurde meist von Dritten berichtet, denen das passiert sei. In den kommenden Wochen gab es hingegen mehrere Personen, die scheinbar persönlich betroffen waren. Mit der Zeit verdichteten sich die Erzählungen rund um diese Spukgestalt. Es dauerte nicht lange und es wurden erste Erklärungsansätze gefunden wurden. Wenige Monate zuvor solle sich ein Student das Leben genommen haben. Ob das wirklich passiert ist, konnte nicht abschließend festgestellt werden. Die Erklärungen, warum diese ominöse Person Selbstmord begangen haben soll, waren sehr unterschiedlich: Die einen tippten auf Liebeskummer, andere glaubten, dass der Tote den Leistungsdruck nicht ausgehalten habe und vielleicht bei einer finalen Prüfung gescheitert sei. Oder war eine starke Depression die Ursache? Vielleicht

wollte er eine schwere Krankheit auf diese Weise abkürzen? Ideen gab es viele, aber letztlich tappte man sprichwörtlich im Dunkeln.
Über die Art des Selbstmordes herrschte ebenfalls Uneinigkeit. Hatte der Student sich vergiftet, stranguliert oder erschossen? Das spielte eigentlich keine große Rolle, denn das freiwillige Ableben war an sich schlimm genug. Von Relevanz war der Ort seines Ausscheidens aus dem Leben. Manche erzählten sich, dass er sich innerhalb des Universitätsgebäudes umgebracht hätte. Auf einer Toilette, in einem der Vortragsräume ... oder in der Bibliothek. In der Tat verbreitete sich das Gerücht, er habe sich in einer wenig besuchten Ecke zwischen den Bücherregalen aufgehängt. Spätestens jetzt stellt sich die Frage, wieso man darüber nichts in den Medien gehört oder gelesen hatte. Könnte man vonseiten der Universitätsverwaltung und der Polizei solch einen Vorfall wirklich erfolgreich vertuschen? Wohl eher nicht, was aber der Geschichte und ihrer Verbreitung keinen Abbruch tat. Immerhin hatte man eine plausible Erklärung, warum in der Bibliothek ein Geist spukt.
Wie bereits erwähnt kursierten damals mehrere Geschichten. Eine Studentin behauptete steif und fest, dass sie mehrmals, als sie nachts an einem Tisch zwischen den Regalen saß und in ihre Lektüre vertieft war, ein seltsames Flüstern gehört habe, das so klang, als ob jemand direkt neben ihr stand und leise in ihre Richtung sprach. Doch da war niemand. Sie konnte keines der geflüsterten Worte verstehen. Trotzdem war sie sich sicher, dass es keine Einbildung war. Vor Schreck stand sie sofort auf und schaute in die umliegenden Gänge – keine Menschenseele. Sie rief in die Stille hinein: „Ist da jemand?“ Kaum hatte sie diese Worte ausgesprochen, gruselte sie es zusätzlich. Sofort

schossen ihr Bilder von (mehr oder weniger) schlechten Horrorfilmen durch den Kopf, in denen dieser Satz gerne der Auftakt zu einem noch viel größeren Horror war. Sie entschloss, die Bibliothek zügig zu verlassen und erst am nächsten Tag wieder zu kommen, wenn das Gebäuce im wahrsten Sinne des Wortes belebter sein würde.

Ein anderer – diesmal männlicher – Student berichtete von merkwürdigen Klopfgeräuschen, als er tief in der Nacht die Bibliothek besuchte. Er war allein, als er ein Klopfen wahrnahm, das klang, als ob jemand mit seinem Fingern an die metallenen Bücherregale pochte. Der Student ging schnell weiter und versuchte das Geräusch zu ignorieren.

Eine dritte Person, eine junge Studentin, erzählte von einem Schatten, der sich deutlich über ihrem Arbeitsplatz und den aufgeschlagenen Büchern abgezeichnet hatte. Dieser Schatten kam rückseitig, als ob jemand hinter ihr stehe. Als die Studentin

Der Pausenbereich der Konstanzer Universität.

sich umdrehte, war niemand da. Sie war allein in dieser Ecke der Bibliothek. Sie entschied genauso wie ihre Leidensgenossin, die das Flüstern erlebt hatte, sofort das Gebäude zu verlassen.

Die vielleicht unheimlichste Geschichte in diesem Zusammenhang widerfuhr einem jungen Erstsemester, der lange nach Mitternacht gerade vor einem Regal stand, als jemand an ihm vorbeilief und ganz leicht seinem Rücken streifte. Dieses Streifen nahm er nicht als körperliche Berührung wahr, sondern vielmehr wie einen kalten Hauch. Der „Neuling“ drehte sich zu der Person um, die gerade hinter einem Büchergestell in Richtung einer Wand abbog. Der Student wusste, dass dieser Weg eine Sackgasse ist. Die Person, die er als mittelgroß und männlich mit kurzen braunen Haaren beschrieb, musste folglich genau den gleichen Weg zurück nehmen. Unser junger Student blieb an seinem Regal ein paar Minuten stehen und nahm das eine oder andere Buch in die Hand. Allerdings hatte ihn die Begegnung vor wenigen Minuten irritiert. Wieso hatte er einen kalten Hauch gespürt? Jetzt packte ihn die Neugierde und er wollte nachsehen, wer der Unbekannte war. Er ging zu der Sackgasse – und sie war leer. Wohin war die seltsame Gestalt entschwunden? Wenn sie zurückgekommen wäre, hätte dies der Student mit Sicherheit bemerkt. Er ließ die Geschichte auf sich bewenden und suchte schnell einen Ort in der Bibliothek auf, wo er auf andere Lebende stieß, was ihn sehr beruhigte.

Ich selbst war damals in der Schlussphase meines Studiums angekommen und hielt mich des Öfteren nachts in der Bibliothek auf. Gerne gebe ich zu, dass mir aufgrund dieser Gruselgeschichten ab und zu etwas mulmig zumute war. Mir ist in diesen Bücherhallen indes niemals irgendetwas Unerklärliches, Gruseliges oder Übernatürliches begegnet.

Ein paar Monate lang hörte man von diesen seltsamen Phänomenen und schaurigen Begebenheiten im Bibliotheksgebäude. Aber mit der Zeit redete man weniger vom Geist der Bibliothek, bis niemand mehr von unheimlichen Begegnungen berichtete. Hat der Geist schließlich die Universität verlassen und ist in andere Sphären entschwunden? Oder war alles ein schlechter Scherz, eine erfundene Geschichte, die ein Eigenleben entwickelte? Ich weiß es nicht, aber eines steht fest: Die Wahrheit liegt irgendwo in der Vergangenheit verborgen.
Falls Sie, werter Leser, mal bei Dunkelheit in der Universitätsbibliothek Konstanz unterwegs sein sollten, können Sie ja mal genau hinhören und hinsehen. Vielleicht nehmen Sie ein Klopfen wahr, wo niemand ist, und finden Wege ins Nichts, wo zuvor jemand stand.
Ich wünsche Ihnen einen angenehmen Besuch …

Das Schnetztor

Konstanz ist eine wahre Perle am Bodensee und besticht unter anderem durch seine wunderschöne Optik. Die alte Metropole weiß jeden Besucher durch ihre im Stadtbild sehr lebendige Vergangenheit zu begeistern. Zu diesem eindrucksvollen Anblick gehören die drei noch existierenden Wehrtürme, der Pulverturm, der Rheintorturm und das Schnetztor. Einst ragten knapp 30 solcher Wehrtürme trutzig in den Himmel, um potenzielle Angreifer abzuschrecken. Vor allem das Schnetztor ist wie kaum ein anderes mit der facettenreichen Geschichte von Konstanz verknüpft. Es war ab dem 14. Jahrhundert Teil der südlichen Befestigungsanlagen. Dieser malerische Turm besitzt eine Fachwerkfassade, die zur Stadt/zur Hussenstraße hin ausgerichtet ist. Im obersten Stockwerk des insgesamt 36 Meter hohen Gebäudes befand sich die Wohnung des Türmers, der die Bewohner vor potenziellen Feinden, Feuersbrünsten und anderen Gefahren warnte.

Im 20. Jahrhundert ließ man den Turm verfallen, bevor er unter der Regie der Konstanzer Fasnachtszunft „Blätzlebuebe“ in Tausenden Arbeitsstunden und mithilfe von Spenden 1976 bis 1984 saniert wurde. Seit 1978 befindet sich folgerichtig im Gebäude ihre Zunftstube. Im gleichen Jahr wurde der Turm als Baudenkmal von nationaler Bedeutung eingestuft. In der Tat finden sich in ganz Deutschland äußerst wenige mittelalterliche Türme, die so gut erhalten sind und sich so harmonisch in das Gesamtbild einer unzerstörten mittelalterlichen Siedlung einfügen.

Schon vor Jahrhunderten blickten die Konstanzer voller Stolz zum Schnetztor empor, dem Ausdruck bürgerlichen Selbstbewusstseins in bewegten Zeiten. Woher der Name „Schnetztor“ kommt, ist indes nicht eindeutig zu klären. Vermutlich stammt der Begriff „Schnetz“ aus dem Oberdeutschen und kann mit „junger Hecht“ übersetzt werden. Diese Begründung ist naheliegend, weil der Fischfang für Konstanz in früheren Zeiten von enormer Bedeutung war und der schmackhafte Hecht bis auf den heutigen Tag im Bodensee gefangen wird.

Neben diesen historisch faszinierenden Fakten birgt der Turm eine dunkle Geschichte, die mittlerweile bei vielen Einheimischen in Vergessenheit geraten ist. Ich möchte Sie jetzt in das 15. Jahrhundert entführen, in eine Zeit des Aufbruchs und des gesellschaftlichen Umbruchs. Wir befinden uns mitten in der Renaissance, einer Übergangszeit, als die alte mittelalterliche Welt begann, ihren Platz auf der Bühne der Geschichte für eine andere Epoche, die Neuzeit, zu räumen.

In diesem Säkulum, um genau zu sein im Jahre 1452, begab es sich, dass ein Mann des Öfteren auf das Heftigste mit seiner Frau stritt. Die Nachbarn beschwerten sich regelmäßig über den Lärm, den die Zankenden verursachten, aber es half nichts. Ob beide gerne stritten oder die Schuld eher bei einer Person zu suchen war, weiß heute niemand mehr. Eines Tages eskalierte die Situation so schrecklich, dass der Mann zu einem langen Messer griff und seine Frau mit mehreren Stichen tödlich verletzte. Was zu diesem finalen Streit geführt haben soll, ist leider ebenfalls nicht bekannt. Die Schmerzensschreie der Frau alarmierten sofort die Nachbarschaft, sodass der Mann direkt am Tatort von engagierten Bürgern überwältigt und folglich verhaftet werden konnte. Er kam vor Gericht, wobei der Richter keine Milde walten ließ. Ganz im Gegenteil, er wurde zum Tode verurteilt. Nach der Urteilsverkündung brachte man den Mörder zum Schnetztor, das eigentlich kein klassischer Hinrichtungsort war. In diesem Fall machte man eine schaurige Ausnahme.

Den historischen Quellen kann man entnehmen, dass der Verur-

Das beeindruckende Schnetztor.

teilte nach Sonnenuntergang im Turm lebendig eingemauert wurde – eine wegen ihrer Grausamkeit extrem selten verhängte Strafe. Allerdings starb er nicht sofort. Ihm wurde täglich durch eine kleine Luke Brot und Wasser gereicht, damit sich sein Sterben über einen längeren Zeitraum hinzog. Woran er konkret starb, ist nicht überliefert. Vielleicht trieb ihn der Wahnsinn der Einsamkeit in der ewigen Finsternis seines Verließes in die Arme des Todes. Oder eine Krankheit, womöglich bedingt durch die katastrophalen hygienischen Verhältnisse – seine kleine Zelle war gleichzeitig seine Toilette –, erlöste ihn. Es ist ebenfalls nicht überliefert, wie lange sein Leiden dauerte, doch wir können uns sicher sein, dass er einen langsamen, qualvollen Tod starb. Kaum war er tot, warf man seine Leiche außerhalb der Stadt in eine Grube zu verendeten Tieren und verscharrte ihn. Mördern gewährte man in aller Regel kein christliches Begräbnis in geweihter Friedhofserde.

Kurze Zeit später behaupteten Anwohner, dass sein Wehklagen nachts unverändert im Turm zu hören sei, was nur eines bedeuten konnte: Der Geist des Mörders war erdgebunden an den Ort, wo er verstarb. Manche wollen dieses Gespenst sogar Jahrhunderte später gehört oder sogar gesehen haben. Vielleicht hat man ihnen aber bloß einen üblen Streich gespielt, wer weiß?

Im Schnetztor selbst findet man in einer kleinen Nische eben dieses Gespenst, dargestellt als kleine Figur. Traditionen und alte Geschichten wollen schließlich bewahrt werden.

Falls Sie es aber nicht ganz so „gruselig“ haben wollen, besuchen Sie trotzdem mal diesen wunderschönen Wehrturm aus alten Zeiten. Die geschmackvoll eingerichtete Zunftstube der Blätzle ist zeitweise für Nichtmitglieder geöffnet und lädt mit ihrem besonderen Ambiente zum Verweilen und Genießen des einen oder anderen Getränks inklusive Speisen ein.

Das Seenachtsfest

Möchten Sie eines der größten Seefeuerwerke Europas erleben und dabei eine wunderschöne Naturlandschaft genießen? Dann müssen Sie unbedingt am zweiten Augustwochenende nach Konstanz kommen und das größte Volksfest der gesamten Bodenseeregion erleben, das Seenachtsfest. Jedes Jahr lockt es Zehntausende Besucher an und verzaubert sie mit seiner einzigartigen Stimmung. Im Rahmen dieser dreitägigen Festivitäten gibt es ein buntes Angebot an Konzerten, Tanzveranstaltungen, Einkaufsmöglichkeiten, Ausfahrten auf den See mit den Schiffen der Weißen Flotte und vielfältigste kulinarische Genüsse.

Der unbestrittene Höhepunkt des gesamten Festes ist das große Feuerwerk am Samstagabend. Seit 1949 findet dieses Spektakel als synchrone Veranstaltung von Konstanz und der Schweizer Nachbarstadt Kreuzlingen statt, wobei dort das Seenachtsfest „Fantastical" genannt wird. Die beiden Feuerwerke werden jeweils in Eigenregie durchgeführt.

Die historischen Ursprünge dieses Festes sind den wenigsten Einheimischen bekannt: Man muss über 500 Jahre in der Zeit zurückgehen, bis zum Reichstag von 1507, der in Konstanz abgehalten wurde. Ein Reichstag war die Versammlung der mächtigsten Herrscher des Heiligen Römischen Reiches Deutscher Nation, von den Historikern kurz „das Alte Reich" genannt. Der Reichstag zu Konstanz dauerte mehrere Monate, und als er zu einem Ende kam, bot die Freie Reichsstadt Konstanz den hohen Herrschaften – allem voran König Maximilian aus dem Geschlecht der Habsburger – einen unvergesslichen Abschluss an, ein Lustfeuerwerk. Alle Anwesenden waren von der Darbietung begeistert. Dieses Ereignis ging im Nachhinein als erstes Seenachtsfest in die Geschichte ein.

Vergleichbare Feuerwerke wurden zu speziellen Anlässen in den folgenden Jahrhunderten in Konstanz oder der nahen Umgebung wiederholt. Erst im 19. Jahrhundert besann man sich auf den Reichstag von 1507 und etablierte das Seenachtsfest im jährlichen Kalender der Stadt. Der aufkommende Tourismus tat sein Übriges, um dieses Ereignis weit über die Grenzen der Region hinaus bekannt und beliebt zu machen. So kommen jedes Jahr Tausende Besucher aus zahlreichen Ländern Europas, um u. a. das große Feuerwerk zu bestaunen. Außerordentlich beliebt sind in diesem Zusammenhang Schiffsausfahrten auf den See, um das Spektakel fast hautnah zu erleben. Die Feuerwerkskörper werden von separaten Booten aus gezündet, damit sie ihre Farbenpracht direkt über dem Konstanzer Trichter entfalten können.
Im Sommer 2010 dachte sich Stefan, ein junger Student der Universität Konstanz, dass ein solcher Ausflug auf den See eine wunderbare Gelegenheit wäre, um sich das Feuerwerk anzuschauen. Ursprünglich wollte er mit einem Freund diesen Abend verbringen, doch es sollte anders kommen. Sein Kollege sagte krankheitsbedingt ab, konnte sein Ticket nicht mehr verkaufen und ließ es lieber verfallen, als es zu verschenken. So ging Stefan am Abend allein auf das Schiff.
Allerdings war er ohne Begleitung ein bisschen missmutig gestimmt unterwegs. Lieber hätte er das Feuerwerk mit jemand anderem zusammen genossen. Nachdem das Schiff vom Hafen abgelegt hatte, besorgte er sich an der Bar einen Cocktail und setzte sich an die Reling, um eine möglichst gute Aussicht zu haben. Zuerst bemerkte er gar nicht, dass sich eine junge, attraktive Frau neben ihn gesetzt hatte, die augenscheinlich ebenfalls allein unterwegs war. Sofort fiel Stefan auf, dass sie eine sehr interessante und sympathische Ausstrahlung hatte.

Er schien sie ein bisschen zu intensiv und zu lange angeschaut zu haben, denn plötzlich drehte sich die Frau zu ihm und blickte direkt in seine Augen. Er fühlte sich ertappt und senkte etwas verlegen seinen Blick, bevor er versuchte, demonstrativ lässig auf den See zu schauen. Nach einem Augenblick der inneren Sammlung sagte er: „Echt schöne Aussicht auf den See." Kaum hatte er den Satz gesagt, war ihm sofort klar, wie dämlich die Aussage war. Immerhin war es dunkel und man sah fast nichts vom See. Das Feuerwerk hatte noch nicht begonnen, daher zogen die Lichter am Ufer die Blicke der Besucher auf sich. Genau dies nahm die Frau auf und antwortete: „Also ich finde die Aussicht auf die Stadt (Konstanz) wesentlich spannender. Ich liebe den Ausblick auf illuminierte Städte in der Nacht." Wow, dachte Stefan. Die Frau ist nicht nur attraktiv,

Konstanzer Hafen während des Seenachtsfestes.

sondern auch schlagfertig. Er wollte irgendwas Schlaues bzw. Geistreiches erwidern, aber es fiel ihm auf die Schnelle nichts ein. So konnte er sich lediglich zu einem „Ja, das stimmt!“ durchringen.

Schließlich ergriff er die Initiative und stellte sich der Frau vor, die ihrerseits verriet, dass sie Alexandra heiße. Schnell entwickelte sich eine angeregte Unterhaltung zwischen den beiden. Die anfänglichen Schwierigkeiten überwand Stefan rasch und stellte fest, dass sie – wie man so schön sagt – auf einer Wellenlänge lagen. Sie erklärte ihm, dass sie ebenfalls an der Universität Konstanz studiert, wenngleich andere Fächer als er. Im Laufe des Gesprächs erfuhren beide voneinander, dass sie „nicht vergeben“, also Singles sind. Stefan brauchte nicht lange, um zu merken, dass es bei ihm „gefunkt“ hatte und er an Alexandra wirklich interessiert war. Er wollte diese Frau unbedingt besser kennenlernen, was angesichts der intensiven Unterhaltung nicht unwahrscheinlich war. Inständig hoffte er, dass sie an ihm ähnlich interessiert sein könnte wie er an ihr.

Das weitere Gespräch verlief sehr gut, beide hatten sich viel zu sagen und man hörte dem anderen so gerne zu, dass sie den Beginn des Feuerwerks fast verpasst hätten. Als die ersten Raketen in den Nachthimmel schossen, stellte Alexandra fest: „Ach ja, eigentlich sind wir ja wegen dieses Spektakels am Bord.“ Kaum hatte sie das gesagt, mussten beide herzhaft lachen. Nun betrachteten sie zeitweise schweigend das Feuerwerk und spürten, dass sich aus dieser Begegnung etwas Wunderbares entwickeln könnte.

Nachdem das Feuerwerk zu Ende war und das Schiff wieder im Konstanzer Hafen angelegt hatte, war beiden sofort klar, dass der Abend für sie keinesfalls zu Ende war. Sie gingen in eine Cocktailbar und blieben bis zur Sperrstunde. Schließlich entwickelte sich aus diesem Kennenlernen die große Liebe, die ein Jahr später, pünktlich zum nächsten Seenachtsfest, in eine Hochzeit mündete.

Mittlerweile wohnen die beiden nicht mehr am See. Sie sind berufsbedingt nach Köln gezogen und leben glücklich in einer Wohnung nahe am Dom. Aber jedes Jahr im August kommen sie zurück nach Konstanz, in die Stadt, in der ihre Romanze ihren Ausgangspunkt genommen hat. Und wie damals im magischen Sommer 2010 bestaunen sie das Feuerwerk von einem Schiff aus.

Wer hätte gedacht, dass ein bisschen Schwarzpulver und Farbenpracht am nächtlichen Himmel der Beginn einer großen Liebe sein kann? Aber wie heißt es so schön? Das Leben schreibt stets die unglaublichsten Geschichten …

Heilige und Spinnen

Jedes Jahr gedenken viele Katholiken in Konstanz und in der gesamten Erzdiözese Freiburg des Heiligen Konrad an seinem Todestag, dem 26. November. Dieser Kirchenfürst des Frühmittelalters lebte von 900 bis 975 und war 41 Jahre lang – bis zu seinem Tod – Bischof von Konstanz, dem flächenmäßig größten deutschsprachigen Bistum, das jemals existiert hat. Er stammte aus dem Adelsgeschlecht der Welfen, die im Mittelalter und in der Frühen Neuzeit zahlreiche berühmte Herzöge von Bayern bzw. Sachsen sowie einen Kaiser stellten.

Die Gebeine des Heiligen Konrad ruhen in einem vergoldeten Sarg in einer nach ihm benannten Kapelle im Konstanzer Münster. Dieses Gotteshaus, in früheren Zeiten ein Bischofssitz, war seine Wirkungsstätte, an der er die Geschichte der Stadt und Region entscheidend prägte. 1821 wurde das Bistum Konstanz aufgelöst und wenige Jahre später das Erzbistum Freiburg als Nachfolger aus der Taufe gehoben. Um die Verbundenheit mit der eigenen Geschichte und Tradition zu betonen, wurde Konrad als Patron des Erzbistums Freiburg feierlich eingesetzt – eine Funktion, die er bis heute innehat.

Konrad hat sich in seiner langen Amtszeit als Bischof große Verdienste um seine Stadt am Bodensee erworben. So erweiterte er Konstanz zu einem überregionalen Pilgerzentrum, indem er mehrere bedeutende Kirchen aus Rom nachbauen ließ. Diese waren keine architektonische Kopien, sondern sie sollten vielmehr durch ihre Namen an die großen Vorbilder erinnern: Santa Maria Maggiore (in Konstanz Kathedrale unserer lieben Frau/das Münster), San Giovanni in Laterano (St. Johann), San Paolo (St. Paul, heute nicht mehr existent), St. Laurentius (St. Lorenz, ebenfalls nicht mehr existent). Das gesamte Konzept nannte er „Roma Segunda“ (das zweite Rom), das eng mit der Idee verbunden war, Pilger zum Besuch der Metropole am See zu motivieren, wenn man ihnen im Rahmen einer Wallfahrt inklusive Gottesdienst in diesen fünf Kirchen einen entsprechenden Sündenerlass versprach.

Dass es hierbei nicht ausschließlich um das Seelenheil von Wallfahrern ging, liegt auf der Hand. Ganz nebenbei wurden das Prestige der Stadt und ihres Bischofs deutlich erhöht. Zusätzlich brachten die Besucher Kaufkraft mit, denn man musste ja schließlich essen und trinken – und manche gutbetuchten Pilger gönnten sich eine etwas luxuriösere Herberge als ein Bett in einem klösterlichen Schlafsaal. Es ist kein Zufall, dass sogleich ein wirtschaftlicher Aufschwung in Konstanz einsetzte. Dies ist ein wunderbares Beispiel dafür, das Spiritualität und ökonomische Interessen sich hervorragend ergänzen können.

Konrad war aber nicht nur wegen der Idee der „Roma Segunda“ sehr beliebt. Er galt allgemein als sehr umgänglicher und liebenswerter Mensch, der alles in seiner Macht Stehende tat, um das Leben der Menschen vor Ort zu verbessern. Daher waren die von ihm geleiteten Gottesdienste stets gut besucht, denn die Menschen liebten ihren Konrad.

Vor allem während der Osterfeierlichkeiten füllte sich die alte Bischofskirche, das heutige Münster, bis auf den letzten Platz. Während eines solchen Ostersonntagsgottesdienstes, der an einem Abend stattfand, ereignete sich ein Wunder, das bis auf den heutigen Tag gerne mit dem Heiligen Konrad in Verbindung gebracht wird. Wie üblich zelebrierte der Bischof dieses wichtigste Fest der Christenheit in feierlicher Stimmung, als er im Rahmen der Eucharistie Brot und Wein in den Leib und das Blut Jesu wandelte. Er hielt den Kelch

Die Spinne ist wohl weggekrabbelt.

mit dem Wein hoch und wollte ihn soeben zum Mund führen, als sich plötzlich von der Decke eine Giftspinne an einem Faden abseilte und in den Becher fiel. Natürlich gab und gibt es keine für den Menschen gefährlichen giftigen Spinnen in Mitteleuropa, doch bei (Heiligen-)Legenden darf man auf Logik und wissenschaftliche Korrektheit nicht achten, da sonst der Zauber der Geschichte verfliegt. Also zurück zur Spinne im Kelch. Alle, die bei der Feier zugegen waren, gingen davon aus, dass Konrad den Wein mitsamt dem Arachnoiden wegschütten würde, um neuen nachzuschenken. Niemanden hätte das gestört. Aber Bischof Konrad wollte das Blut Christi aus Respekt gegenüber seiner Religion nicht einfach entsorgen, ganz im Gegenteil. Er führte den Kelch zu seinen Lippen und trank ihn voller Gottvertrauen leer und zwar mitsamt dem Krabbeltier. Alle in der Kirche Anwesenden erstarrten in diesem Augenblick und es wurde auf einmal totenstill. Wohl jeder rechnete fest damit, dass der Achtbeiner den Bischof irgendwie beißen und vielleicht sogar sterben könnte.
Nichts Derartiges geschah. Konrad blieb unversehrt und führte den Gottesdienst andächtig zu Ende. Die Konstanzer waren unglaublich erleichtert ob dieses Wunders. Damit ist die Geschichte aber keineswegs zu Ende: Später am Abend saß Konrad wie üblich mit Freunden am Tisch und genoss in Gespräche vertieft das gemeinsame Abendessen. Plötzlich hielt er inne und hob seine rechte Hand, sofort verstummten alle. In diese Ruhe hinein sagte Konrad: „Moment, es kommt ein weiterer Gast!“ Kaum hatte er das gesagt, kroch die Spinne quicklebendig aus seinem Mund und verschwand im Dunkel des Raumes. Die Moral der Geschichte liegt auf der Hand: Es ist niemand zu Schaden gekommen, weder Konrad, noch die Spinne. Ein Wunder eben! Und als solches

ist diese Legende in den Sagenschatz rund um den Heiligen Konrad eingegangen. Das Kelchwunder wird bis heute mit dem Bischof in Verbindung gebracht. Er wird stets mit einem Kelch in der Hand dargestellt, auf dem eine Spinne sitzt. Allein in unserer alten Bischofsstadt gibt es über 20 Darstellungen von Konrad mit Kelch und Achtbeiner.

Bis heute erzählt man sich in Konstanz gerne diese Geschichte über Konrad und den speziell „gewürzten Wein“ – ein Klassiker nicht zuletzt bei Stadtführungen.

Untere Sonne

In der Altstadt von Konstanz findet man zahlreiche versteckte Innenhöfe und verwunschene Ecken, die sich dem Auge eines Besuchers erst zeigen, wenn man ein bisschen Neugierde entwickelt und sich auf die Suche nach ungewöhnlichen Orten macht. Einen mittelalterlichen Winkel findet man in der Hussenstraße direkt links neben dem Weinhaus Baum, wo man vor einem Torbogen steht. Über diesem befindet sich ein Relief mit der Darstellung einer Sonne mit Strahlenkranz, das in die Hausmauer eingelassen ist. Dies ist ein Hinweis auf den Namen des Hauses, das seit Jahrhunderten „Untere Sonne" genannt wird.

Das Gebäude in seinen Grundfesten stammt aus dem Spätmittelalter, war von Anfang an komplett aus Stein gefertigt worden und wies fünf Stockwerke auf, was für seine Zeit eher selten ist. Einst war es ein vornehmes Kaufmannshaus, das zeitweise die Muntprats und Imholzens beherbergte. Beide Familien gehörten zu den reichsten, vornehmsten und mächtigsten der Stadt und waren Mitglieder der Großen Ravensburger Handelsgesellschaft, einer einst sehr bedeutenden Kaufmannsgilde in Südwestdeutschland. Später lebten hier andere Geschlechter bzw. waren Besitzer des Hauses. Die bunten Wappen ihrer Dynastien findet man als Malerei an den Wänden in der Vorhalle, die sich direkt hinter dem Torbogen erstreckt.

Seit dem 16. Jahrhundert ist der untere Stock eine Gastwirtschaft, mit ununterbrochener Tradition bis heute. Mitte des 19. Jahrhunderts wurde es in diesem Haus hochpolitisch. Es war während der 1848er-Revolutionen, die Deutschland und große Teile Europas erschütterten und dem Kontinent den Weg in eine modernere, freiere und demokratischere Zukunft weisen sollten, dass die Untere Sonne ein Ort konspirativer Sitzungen war. Heute würde man sagen, diese Gastwirtschaft war Treffpunkt linksintellektueller Freigeister und Revoluzzer.

Der damalige Hausherr war der Bierbrauer Augustin Schmid, ein Freund des berühmten Revolutionärs Friedrich Hecker, dessen politische Vorstellungen und Ideale er teilte. Die beiden sollen sich mindestens einmal mit anderen Mitstreitern in der Unteren Sonne getroffen haben, um zu beraten, wie es weitergehen könnte. Was sie im Einzelnen innerhalb dieser alten Gemäuer besprochen haben und welche Entschlüsse sie gefasst haben, ist leider nicht überliefert. Womöglich wurde in einem Hinterzimmer der Gaststätte beschlossen, dass Hecker in Konstanz die erste Republik auf deutschem Boden ausrufen sollte, was wenig später womöglich geschah. Von einem Balkon am Konstanzer Bürgersaal (Stephansplatz 17) soll er im April 1848 die Republik ausgerufen haben, was im Erfolgsfall einem Ende der Adels-

Haus zur Unteren Sonne – Gaststätte mit Geschichte.

herrschaft und der Etablierung demokratischer Verhältnisse gleichgekommen wäre. Dies ist durch zeitgenössische Quellen allerdings nicht belegt, deshalb können wir uns nicht sicher sein, ob es nur in den Köpfen mancher Revolutionäre oder im realen Leben stattgefunden hat.

Der sich an dieses historische (Pseudo-) Ereignis anschließende Heckerzug mit Friedrich Hecker an der Spitze und ca. 800 militärisch schlecht ausgerüsteten Anhängern hatte das Ziel, die Adelsherrschaft in Baden zu stürzen und so einen revolutionären Flächenbrand in ganz Deutschland zu entfachen. Es sollte anders kommen: Einheiten der badischen und hessischen Armee stoppten den Aufstand im Südschwarzwald gewaltsam. Es gab Tote auf beiden Seiten. Hecker überlebte und floh über die Schweiz in die USA, wo er eine zweite Karriere als Politiker begann und sich im Bürgerkrieg aufseiten der Nordstaaten als Offizier für die Abschaffung der Sklaverei engagierte.

An dieser Stelle verlassen wir die Bühne der Weltgeschichte und kehren zurück nach Konstanz in die Untere Sonne. Nach der Niederschlagung der revolutionären Bestrebungen wurde die Lage für den Wirt Augustin Schmid zu gefährlich. Ihm drohte Verhaftung und womöglich sogar die Todesstrafe. Die Konsequenz war, das er sich ebenfalls in die USA absetzte. Auch ihm war wie seinem Freund Hecker ein erfolgreicher Neustart in den Vereinigten Staaten vergönnt. Er wurde an der Ostküste ein wegweisender Pionier des Brauereiwesens. Noch heute gibt es dort Bierbrauereien, die sich auf Augustin Schmid aus Konstanz berufen.

Die zwischenzeitlich verwaiste Untere Sonne wechselte in den folgenden Jahrzehnten mehrfach den Besitzer, doch in einer Hinsicht entwickelte sich eine gewisse Tradition: Die Gaststätte blieb bis in das 20. Jahrhundert ein Treff von eher linksorientierten Zeitgenossen. Vor allem in den 1960er- und 70er-Jahren war sie bei den konservativen Konstanzern als „Brutstätte“ revolutionärer Ideen verschrien. Wenige Meter weiter hinten in Richtung Laube befindet sich übrigens die Kasbah-Bar, die bis heute ein eher „alternatives“ Publikum anzieht.

Mittlerweile ist die Untere Sonne ein ganz „normales“ gutbürgerliches Restaurant, das glücklicherweise sein jahrhundertealtes Vermächtnis als Gaststätte in historischen Gemäuern fortsetzt.

Ein Stockwerk darüber treffen sich regelmäßig Liebhaber der etwas härteren Musik. In der Kneipe „Backstage“ wird Hardrock und Heavy-Metal-Musik gespielt. Ein bisschen was aus seiner Zeit als Bürgerschreck ist dem Haus dann doch erhalten geblieben.

Das Licht der Nacht

Zweifellos ist das Dritte Reich und mit ihm der Zweite Weltkrieg das dunkelste Kapitel der deutschen, wahrscheinlich sogar der Weltgeschichte. Dabei kehrte der Sturm der Zerstörung, der von Deutschland ausging, mit Fortdauer der Kampfhandlungen zu seinem Ursprungsort zurück. Spätestens ab 1942 wurden vermehrt deutsche Städte durch Bombardement aus der Luft zerstört. Dabei betrieben die Alliierten „Arbeitsteilung“: Meist griffen die US-Amerikaner tagsüber an, die Briten wiederum nachts und die Sowjets setzten ihre Luftwaffe vorzugsweise direkt an der Front ein. Der Krieg wandte sich gegen den Verursacher und die deutsche Bevölkerung lernte den Schrecken aus der Luft in all seiner tödlichen Grausamkeit kennen.

Zuerst waren die Großstädte im Westen und Norden das Ziel (wie Köln, Hamburg, das Ruhrgebiet und andere, weil diese nahe genug an den Flugplätzen der Alliierten in Südengland lagen). Als die Kämpfe sich hinzogen, wurden häufiger der Osten und Süden des Reiches zum Ziel feindlicher Angriffe. Ab 1943 erreichten britische und amerikanische Bomberflotten schließlich den Bodensee. Vor allem Friedrichshafen war ein lohnendes Ziel, da diese Stadt ein Zentrum der Rüstungsindustrie war. Elf Mal wurde sie aus der Luft angegriffen und in Schutt und Asche gebombt. Nach der Kapitulation im Mai 1945 waren 90 % der Stadt zerstört. Wenn man heute durch Friedrichshafen läuft, sieht man daher überall die Plattenbau-Sünden der 1950er-Jahre.

Wenn wir uns von dort auf dem See gut 20 Kilometer nach Südwesten bewegen, kommen wir in Konstanz an und stellen sofort fest, dass es bei uns wenige oder gar keine Zerstörungen gegeben hat. In der Tat blieb die alte Bischofsstadt in den letzten

Jahrhunderten davon weitgehend verschont. Selbst der Zweite Weltkrieg als Ort von Kampfhandlungen fand in der alten Bischofsstadt nicht statt. Es fiel nicht eine einzige Bombe auf sie. Daher stellt sich sogleich die Frage, warum Konstanz nicht zerstört wurde? War es die Freundlichkeit der US-Amerikaner und Briten, die diese schöne Perle am Bodensee bewahren wollten? Mit Sicherheit nicht! Es war purer Pragmatismus. Die geografische Lage der Stadt ließ einen Angriff aus der Luft als kaum durchführbar erscheinen. Hätte man sie angegriffen, wäre unweigerlich auch der Nachbarort Kreuzlingen und damit die neutrale Schweiz in Mitleidenschaft gezogen worden. Hinzu kam, dass präzises Bombardement mit der damaligen Militärtechnik überhaupt nicht möglich war.

Zusätzlich erschwert wurde das Ganze dadurch, dass die beiden Nachbarstädte weder durch Grüngürtel noch einen Fluss oder Ähnliches voneinander getrennt sind. Aus der Luft konnte (und kann) man die Grenze unmöglich exakt nachvollziehen, da die beiden Orte historisch ineinander verwachsen sind. Daher traute man sich nicht, Konstanz zu attackieren.

Allerdings ist es unmöglich zu wissen, was geschehen wäre, wenn der Krieg noch viele Monate länger getobt hätte. Wir wissen nach der Öffnung der Militärarchive in Washington, dass die Stadt sehr wohl ein potenzielles Angriffs- bzw. Ausweichziel der Alliierten gewesen ist – allerdings mit sehr geringer Priorisierung. Da aber die Konstanzer nicht wussten, ob man sie nicht doch einmal angreifen würden, galt in der Nacht Verdunklungspflicht, damit feindliche Flugzeuge sich nicht genau orientieren konnten. Im besten Fall wären die Bomben auf einem Acker detoniert und hätten Menschenleben, Häuser und Fabrikanlagen verschont. So war die Stadt wie der Rest Deutschlands bei Nacht in Dunkelheit gehüllt.

Britischer Bomber im deutschen Luftraum.

Auf Schweizer Seite wurde ab dem 7. November 1940 die Verdunklungspflicht eingeführt, da man nach dem erfolgreichen Angriff der Wehrmacht auf Frankreich im Mai 1940 Sorge hatte, in den Krieg hineingezogen zu werden. Manche Eidgenossen rechneten fest damit, dass die deutsche Armee als Nächstes die kleine Alpenrepublik besetzen würde. Obwohl es dazu nicht kam, blieb die Furcht vor einem Überfall. Daher heulten in großen Teilen der Schweiz die Sirenen, die vor Bomberflotten warnten und dazu aufforderten, alle Lichter zu löschen.
Unser südlicher Nachbar blieb zwar ein Ort des Friedens mitten im umkämpften Europa, aber dieser erschien sehr brüchig. Verstärkt wurde diese permanente Angst durch alliierte Bombenabwürfe auf die Eidgenossenschaft, die offiziell durch Navigationsfehler verursachte wurden. Dabei starben insgesamt

84 Menschen. Schaffhausen hatte es am schwersten getroffen. Ferner wurden Basel und Zürich attackiert.
Als im Laufe des Krieges – spätestens mit der sehr erfolgreichen Großoffensive der Roten Armee an der Ostfront im Juni 1944 – sich die Niederlage Deutschlands deutlich abzeichnete, setzte bei den Eidgenossen ein Umdenken ein. Am 12. September 1944 wurde die Verdunklungspflicht von der Regierung in Bern aufgehoben. Dahinter steckte die Idee, dass man den Alliierten deutlich zeigen wollte, wo die neutrale Schweiz beginnt und Deutschland endet. Anders formuliert war die Botschaft folgende: Wo Licht ist, sind wir, also bitte in Ruhe lassen, und wo es dunkel ist, ist Deutschland, da kann gebombt werden.
Als die Konstanzer dies mitbekamen, wurde die Verdunklungspflicht in der linksrheinischen Altstadt bis zur Kapitulation aufgehoben. So konnte man aus der Luft die ohnehin kaum sichtbare Grenze fast gar nicht erkennen. Man tarnte sich als neutrales Ausland. So paradox es klingen mag: Das Licht in der Nacht hat uns unsichtbar gemacht, wir schlüpften unter den Schweizer „Lichtschutzschirm".
Der Trick hat zur Freude der Bevölkerung vollständig funktioniert. Man wurde nicht in Mitleidenschaft gezogen. Selbst der Einmarsch der französischen Armee am 26. April 1945 zog keine Kampfhandlungen nach sich. Man kapitulierte und ließ die Besatzer widerstandslos einmarschieren. Ohne diese beiden Maßnahmen wäre womöglich vieles zerstört worden und der historische Kern wäre für alle Zeiten verloren. Wäre Konstanz kein Lichtermeer in dunkler Zeit gewesen, wäre die Vergangenheit bei uns nicht mehr so lebendig und sichtbar. Es gäbe keine Perle am Bodensee mehr mit ihrem wunderschönen mittelalterlichen Antlitz.
Zum Glück kann Licht manchmal eine ganze Stadt retten!

Weitere Bücher aus der Region

Karlsruhe – Gestern/Heute
Ludger Syré, Sebastian Faber
72 Seiten,
zahlr. Farb- u. S/w. Fotos
ISBN 978-3-8313-3381-3

Unsere Glücksmomente –
Geschichten aus Baden-Baden
Josua Straß
80 Seiten
ISBN 978-3-8313-3386-8

Schwaben –
Die Gerichte unserer Kindheit
Rezepte und Geschichten
Brigitte Fries
128 Seiten, zahlr. Farbfotos
ISBN 978-3-8313-2202-2

Bodensee entdecken!
1000 Freizeittipps
Marion Vogt
168 Seiten, zahlr. Farbfotos
ISBN 978-3-8313-2849-9

Wartberg-Verlag GmbH
Im Wiesental 1 34281 Gudensberg
www.wartberg-verlag.de

Bücher für Deutschlands Städte und Regione
Tel. 0 56 03 - 93 05 0
Fax. 0 56 03 - 93 05 28